Geo R. H.

LES INTÉRÊTS FRANCO-BRÉSILIENS

Nos Milliards au BRÉSIL

Illusions & Réalités

CONQUÊTE DES MARCHÉS SUD-AMÉRICAINS
CONDITIONS DU SUCCÈS COMMERCIAL

PRIX : 5 Francs

Chronique Latine pour la Défense des Intérêts français
en Amérique du Sud

12, rue de Lancry — PARIS

CHAPITRE PREMIER

LES VALEURS BRÉSILIENNES

Motifs qui ont amené la défaillance de certaines Sociétés. — Difficultés vaincues. — Raison d'avoir confiance. — Personnalités françaises ayant contribué à la réorganisation des affaires brésiliennes. — Consolidation des intérêts franco-brésiliens. — Notre ligne de conduite.

L'épargne française, dont le portefeuille contient une grande quantité de valeurs brésiliennes, s'est beaucoup exagéré, au cours de cette longue période, de stagnation complète des affaires, résultante immédiate de l'horrible conflit qui ensanglanta l'univers entier, le danger que pouvaient courir les capitaux, par elle placés, en ce riche pays d'outre-mer.

Dès l'ouverture des hostilités — date qui marque d'ailleurs le point culminant atteint par la crise brésisilienne — nous nous sommes essayé, par la voie de notre journal et la publication de diverses brochures, à combattre cette vague de pessimisme outrancière, nous efforçant à remonter les courants mauvais et dangereux ; montrant l'avenir indiscutable réservé à nos capitaux engagés au Brésil, et redonnant confiance — nous en avons de nombreuses attestations écrites — à l'épargne française, lorsque quelques défaillances, parfois refrigérantes, venaient à semer le doute, la désillusion ou à ébranler la confiance des capitalistes, si nécessaire pendant les temps troublés, que nous avons vécu.

En contribuant à maintenir — dans la mesure de nos forces — un courant d'idées favorables entre les capitalistes français et cette grande République Sud-Américaine, ce qu'il fallait conserver à tout prix sous peine de compromettre notre commandite qui s'élève à plus de cinq milliards, nous estimons simplement que nous avons rempli la mission qui nous était dévolue, par suite des circonstances, comme le plus strict des devoirs.

Déjà nous en sommes largement récompensé, car tous les écrits que nous avons consacrés à ce pays, véritable Eldorado, ont vu leur conclusion se réaliser, nous pourrions dire d'une façon presque mathématique. Sans vouloir nous en enorgueillir outre mesure, puisque en somme, ce n'était que le fruit d'une étude minutieuse et impartiale faite, à la suite d'un séjour prolongé sur place, nous tenons néanmoins à le constater en passant, pour qu'à l'avenir nos critiques ou appréciations puissent être davantage écoutées.

Mais, si nous aimons et admirons ce beau et grand pays, où la nature s'est montrée si prodigue de ses dons, nous n'avons jamais fait partie de ces thuriféraires qui, avant la guerre, chantaient ses richesses et ses beautés, trouvant que tout y allait pour le mieux, comme dans le meilleur des mondes, alors que précisément, à cette époque, doucement, mais sûrement, l'incapacité de quelques politiciens le menait à la ruine.

Sans souci des quand dira-t-on, au risque de passer pour des trouble-fête et des empêcheurs de danser en rond, nous prévalant de notre indépendance et de notre impartialité, nous avons toujours fait entendre des paroles de franchise, exprimé librement notre jugement, basé naturellement sur les évènements et des données tangibles.

C'est ainsi que nous avons, longtemps à l'avance, annoncé la crise qui éclaterait infailliblement au Brésil, à la suite de la mauvaise administration du ministère d'Hermes da Fonseca, de l'incurie et du gaspillage qu'il laissait pratiquer, par la coterie perverse qui gravitait autour de la Présidence, s'engraissant dans ce fromage administratif.

Ainsi, à notre corps défendant, nous avons été parfois très dur pour le Brésil ou plus exactement pour certains ministres du Maréchal. Nous nous élevâmes, avec beaucoup d'énergie, contre cette politique d'emprunts pratiquée un peu trop longtemps et qui ne pouvait que nuire à nos intérêts et même à ceux de l'emprunteur et nous îmes pressentir, sans ménagement, que le moindre écueil amènerait, sinon un désastre, du moins une crise aigüe, qui causerait une profonde méfiance à notre épargne et jetterait un certain discrédit sur les valeurs brésiliennes. Nous mîmes, tout particulièrement en garde cette grande République Sud-Américaine, elle qui vivait et croissait par le crédit, contre les conséquences possibles d'un conflit européen — se présentant comme inéluctable — qui, en arrêtant la circulation des capitaux, lui interdirait le placement des papiers de crédit avec lesquels, elle soldait, chaque année sa balance commerciale avec l'Europe et se procurait des capitaux neufs, le nouveau matériel nécessaire à son outillage et à son développement économique. L'éventualité s'est produite, les difficultés sont venues.

De même, nous n'attendîmes pas l'heure critique, et, là encore, nous fûmes des premiers, à blâmer, la fréquence des opérations de crédit réalisées par certains Etats et les nombreux contrats d'entreprises de travaux publics, ne reposant parfois que sur de faibles bases, et qui empruntaient en France et en Angleterre. Nos capitaux furent quelquefois engagés au Brésil sans que le contrôle et les garanties nécessaires aient été assujettis à l'action de l'influence française, alors que des intermédiaires étrangers écrémaient les affaires et les faisaient toujours tourner au profit de l'influence économique de leur propre pays, l'argent français gardant la petite part et tous les risques.

Certaines de ces entreprises furent mal organisées, mal engagées, conduites avec les méthodes étrangères, sans contrôle assez sérieux, à la faveur d'un engouement qui était basé plutôt sur les perspectives de développement du Brésil que sur les résultats déjà acquis dans ce merveilleux pays.

La majorité des défaillances vinrent donc, pour une grande part, de la situation d'origine; c'est un fait qui n'est pas général, il est vrai, mais qui doit être reconnu par les personnes avisées.

Les difficultés qu'eurent à surmonter ces entreprises provenaient surtout : du poids écrasant des capitaux engagés, du passif accumulé par l'acquisition des concessions, du rachat et de l'incorporation d'affaires déjà existantes, mais de rendement d'avenir, le tout réalisé à des prix élevés, — surenchère que l'on s'explique facilement, par suite d'une concurrence sérieuse — et enfin, dans la rémunération de certains concours, indispensables il est vrai, mais combien onéreux. Toutes ces charges extrêmement lourdes pour un début étaient consenties par les contractants, parce qu'ils escomptaient l'avenir, apparaissant comme devant être brillant et rémunérateur, mais dont la crise devait sensiblement retarder la réalisation.

Certaines sociétés exploitantes, au Brésil, ont eu à faire face également à de nombreux aléas et à vaincre de sérieuses difficultés. Tantôt les prévisions de premier établissement ont été dépassées, le coût kilométrique prévu, était bien inférieur à la réalité, la garantie d'intérêt fédéral ou estadual devenait donc insuffisante pour les capitaux nécessaires et les obligations émises, par les compagnies, n'étaient ainsi que partiellement garanties. Tantôt des fonds d'Etat étaient remis au *pair* aux compagnies construisant pour le compte du Gouvernement, à charge par elles de se procurer les capitaux nécessaires; ces sociétés, forcées d'exécuter les travaux rapidement, en un délai fixé, plaçaient ces titres comme *elles pouvaient*, mais elles devaient à l'Etat la différence entre le prix net du placement et le pair. Cette marge, toujours très élevée, parfois même exagérée, représentait une perte sèche. D'autre part, les compagnies constructrices ou jouissant d'une garantie kilométrique devaient payer, elles-mêmes, les contrôleurs fiscaux, imposés par leur contrat. On devine facilement les abus qui découlaient de conditions aussi anormales. Et, quoique les bénéfices de construction aient été la plupart du temps considérables, on conçoit aisément, que les mécomptes sur le coût kilométrique, la rémunération à payer aux émetteurs, joint aux motifs que nous avons relatés plus haut, aient obligé les entreprises à enfler leur capital, pour faire face à ces charges considérables, qui comportaient des dépassements sur les prévisions financières. C'est de là que découla l'obligation, pour beaucoup de sociétés, fonctionnant en Amérique du Sud, de procéder à une réorganisation minutieuse, afin que leurs entreprises, fussent assises désormais sur une base plus saine et plus sure.

*
* *

Toutes ces critiques, nous les formulâmes bien avant qu'éclatât la crise qui a sévi d'une manière particulièrement intense au Brésil, et, si nous avons tenu à les résumer très brièvement ici, c'est parce que nous estimons que l'épargne française doit connaître les causes exactes qui ont pu amener la dépréciation momentanée des titres qu'elle détenait en portefeuille, la capacité de résistance des sociétés et des Etats qui l'intéressent et les difficultés réelles qui ont dû être surmontées.

Exprimées en termes assez vifs, parfois même acerbes, mais dont la justesse a pu se vérifier à la lueur des évènements qui sont survenus, ces critiques nous autorisent aujourd'hui à formuler librement notre opinion et donnent une force singulière à la valeur de notre argumentation, à nos appréciations, à notre jugement.

Malheureusement, tout le monde, en France, ne poursuivait pas le même but, ne pensait pas, n'écrivait pas et ne parlait pas comme nous. Beaucoup de publicistes honnêtes, de bonne foi, nous nous plaisons à le reconnaître, ont eu tendance à généraliser et à exagérer des causes et des faits absolument indépendants et parfaitement concrets. Sous prétexte que certaines entreprises industrielles, que certaines affaires de chemins de fer, de mines, et quelques emprunts de Républiques Estaduales avaient occasionné des déboires à nos capitalistes, ils se sont mis avec un ensemble touchant à pousser des cris d'orfraie, criant au scandale, à la débâcle inéluctable, faisant entrevoir la hideuse banqueroute, pour peu qu'on eut écouté leurs conseils, la seule solution possible était de jeter le manche après la cognée, d'abandonner le Brésil à son sort, ainsi que les affaires montées au moyen de capitaux français.

Cette façon erronnée d'apprécier les causes de la défaillance de certains Etats et sociétés avait jeté la suspicion sur les affaires Sud-Américaines et la cote de la Bourse n'avait pas tardé à refletter cette opinion. Cependant dans bien des cas, la critique de ces opérations financières était tombée à faux, par suite de bruits alarmants répandus sciemment par les détracteurs du Brésil, par manque de documentation, d'études sérieuses et de données vérifiées sur place, certains publicistes se livraient à des commantaires tendancieux, faisant retomber la faute de ces suspensions de paiement, d'abord sur les banques qui avaient conclu ces emprunts, l'attribuant ensuite à la situation financière de ces Etats et sociétés que l'on présentait comme complètement obérée, sans possibilité de relèvement. Or, l'opinion publique en France, étant portée trop facilement à généraliser les faits qui lui sont exposés, en a rapidement conclu qu'un désastre immuable était proche et sans réflexion, sa reprobation tout entière s'en est allée aux Banques qui avaient placé ces valeurs, les assaillant de réclamations et de menaces intempestives.

C'était cependant une erreur grossière que d'incriminer les banques qui avaient réalisé la plupart de ces opérations financières. En effet, ces établissements avant de prêter leur concours à la réalisation de ces opérations, de ces emprunts, s'étaient livrés à une étude minutieuse de la situation financière de ces Etats et Sociétés, envisageant leur possibilité d'avenir et la solidité des gages qu'ils offraient en garantie.

Du moment que cet examen leur procurait satisfaction, ils n'avaient pas à s'immiscer autrement dans l'administration des Etats et sociétés, pas plus qu'à suspecter la bonne foi de ceux qui étaient à la tête des différents Gouvernements.

Et si, comme nous venons de le dire, au début de cette brochure, des abus dans la fréquence des appels à notre épargne ont été commis, la faute en incombe, là encore, aux négociateurs qui allaient traîner le crédit des Etats qu'ils représentaient sur le paillasson des banquiers et des capitalistes, proposant des taux d'émission dérisoires et offrant aux intermédiaires des rémunérations capiteuses. Ceci, d'ailleurs, était affaire entre les dirigeants des Etats et leurs administrés, attendu que les ressources budgétaires étaient largement suffisantes, au moment de la signature des contrats, pour leur permettre de faire face aux engagements qu'ils contractaient. Nos financiers, persuadés que les gouvernants de ces pays neufs, talonnés par la fièvre du progrès, avaient simplement en vue de moderniser leur pays en le dotant d'un outillage économique approprié au développement des richesses immenses contenues dans le sol et sous sol de ces régions privilégiées à tous les points de vues, ne pouvaient logiquement prévoir : que ces hommes politiques se montreraient légers dans l'administration d'un budget devenu plus important ; pas plus que le manque de fermeté dont *certains* firent preuve au moment du bouleversement général des affaires, causé par la catastrophe horrible qui soudain s'abattait sur le monde civilisé ; encore moins les moyens dilatoires qu'ils employeraient pour se dérober à leurs engagements à l'heure la plus critique.

Il faut reconnaître également, tout en le déplorant, que beaucoup de sociétés exploitantes au Brésil, subirent d'énormes préjudices par suite du retard apporté par les Gouvernements brésilien, Fédéral et Estadual, dans le réglement de leurs engagements respectifs et des incidents soulevés par eux pour en reculer l'échéance, afin de gagner du temps. C'était peut être bien mal récompenser ces sociétés. qui avaient fait beaucoup d'efforts louables et consenti de gros sacrifices pour hâter le développement du pays et respecter leur contrat, mais nous ne saurions dire en toute sincérité, si dans le cas qui nous occupe, les dirigeants du Brésil sont à blâmer et s'ils n'ont pas agi plutôt, en hommes d'Etat adroits et perspicaces. Ne fallait-il pas sauvegarder à tout prix le crédit du Brésil intact ? et en respectant strictement les nombreux engagements pris par les prédécesseurs, il eût peut être été difficile, très difficile, d'en sortir honorablement.

Il y avait certainement, comme partout ailleurs, de bonnes et de mauvaises affaires au Brésil, le tout était de bien choisir, cela dépendait du criterium, de l'examen préalable. de l'étude pondérée des conditions générales des régions à exploiter et du discernement de ceux qui étaient chargés d'entreprendre et de conclure les opérations les plus opportunes et les plus profitables.

Mais que l'on veuille bien nous croire, nous en avons la conviction absolue — basée sur la connaissance approfondie de ce pays et les études minutieuses de toutes les questions économiques et financières — la valeur intrinsèque, qui est grande, de beaucoup de ces entreprises, de la majorité devrions nous dire, reste entière et la possibilité de les mener au succès est certaine, pour peu que l'on tienne compte des leçons du passé.

Dans une précédente brochure, *La Crise Brésilienne* (1), nous avons étudié en détail la situation des Etats qui forment la Fédération du Brésil, fait l'historique des principales affaires qui y fonctionnent au moyen de capitaux français, examinant leur relèvement, leur rendement prochain et certain, c'est pourquoi nous restons forcément aujourd'hui dans la généralité, énumérant simplement les causes, qui ont amené les difficultés, vaincues pour la plupart, non sans succès, comme nous le verrons au cours de cette étude.

Si de nos financiers, grisés par l'appât d'un gain facile, n'ayant en vue, comme premier et principal objectif, que le bénéfice personnel à retirer des affaires à conclure, ont commis même la lourde faute de ce désinteresser de celles-ci, lorsque l'ère des difficultés est survenue, fort heureusement tous ne sont pas du même acabit, nous devons a la vérité de le reconnaître.

Certains promoteurs au contraire ont fait preuve de hardiesse, d'initiative, de haute capacité même, pour développer et féconder le Brésil par un apport de capitaux en masse et on est bien forcé de constater aujourd'hui que

(1) *La Crise Brésilienne*, éditée par la *Chronique Latine*, — épuisée.

leur conception était juste et qu'ils ont travaillé en vue de la grandeur et de la prospérité de leur patrie.

Nous n'aimons guère les dithyrambes et notre manière est beaucoup moins d'encenser que de critiquer ; cependant nous ne pouvons nous dispenser de rendre hommage en général à ceux qui ont compris et fait leur devoir et en particulier au labeur assidu et aux efforts inlassables de MM. le baron d'Anthouard et de Marcel Bouilloux-Lafont. Si Cassandre, aujourd'hui, dont nous remplissons d'ordinaire le rôle acerbe, vante en quelques lignes, par notre plume, les mérites considérables de ces deux hommes intègres, c'est qu'ils ont rendu, indiscutablement de signalés services à l'épargne française, qu'ils s'étaient donné à charge de défendre.

Faisant tête à l'orage, lorsqu'éclata la crise mondiale qui devait bouleverser si profondément tous les marchés financiers, M. Bouilloux-Lafont fit preuve d'énergie et de caractère et bien que certains concours sur lesquels il était bien en droit de compter lui firent défaut, il ne se découragea nullement. Homme d'action, il partit immédiatement, sans tergiversation inutile, sur place pour se rendre compte de la situation exacte des affaires qu'il avait pris la charge de défendre et là, connaissant admirablement les hommes et les mœurs du pays, il poursuivit énergiquement et inlassablement une œuvre de réparation équitable. Pendant des mois, des années, devrions-nous dire, il lutta sans trêve pour obtenir satisfaction et faire triompher la juste cause des rentiers français. Grâce à son initiative, à son travail acharné, aux sacrifices consentis personnellement sans contrainte, M. Bouilloux-Lafont obtint de bons résultats dont on ne tardera pas à constater les effets satisfaisants.

Les mérites de M. le baron d'Anthouard sont plus grands encore. Ce financier éminent, doublé d'un homme érudit, n'a pas hésité à apporter son concours effectif et total, l'autorité de son nom, à certaines affaires brésiliennes, alors que déjà, la crise battait son plein.

Ancien ministre de France à Rio-de-Janeiro, où il remplit avec distinction et éclat sa mission, cet éminent diplomate travailla avec acharnement, dépensant sans compter force et initiative, en vue de la réorganisation de la Brazil-Railway, en même temps qu'il assuma la charge d'administrateur-délégué du Crédit Foncier du Brésil. Cette institution de crédit a obtenu de brillants résultats sous son habile direction, et elle est particulièrement bien placée pour profiter de la reprise des affaires, qui déjà commence à se manifester.

Beaucoup d'économistes, au cours de fréquentes polémiques financières, se sont évertués à établir le décompte exact de la dépréciation des Valeurs Brésiliennes, accusant ainsi arbitrairement le chiffre de millions, voire de milliards, soi disant perdus par l'épargne française. Cet exercice, inutile et sans valeur aucune, tendait simplement à mettre en évidence l'écart sensible entre le chiffre coté et la valeur nominale des titres émis. C'était une façon puérile d'essayer de faire confondre les mots « perte » et « dépréciation ». Alors que la perte est un dommage acquis et définitif, la dépréciation n'est-elle qu'un dommage passager et réparable. Ce raisonnement simpliste n'aurait donc jamais dû trouver créance auprès des gens réfléchis.

En effet, par suite de la perturbation amenée sur les marchés financiers par la guerre mondiale et la hausse du loyer de l'argent, qui en a été une cause directe, la plupart, pour ne pas dire toutes, des valeurs exotiques avaient vu leurs cours s'effondrer de plus de 50 0/0, il était donc facile d'en tirer argument pour crier à la débâcle.

Or, la France, qui empruntait avant la guerre, à raison de 3 0/0, sa rente étant un peu près au pair, s'est trouvée dans l'obligation de consentir 5 et 5 1/2 0/0 d'intérêt aux souscripteurs de ses emprunts. Il était donc logique, pour que soit conservée la balance exacte des deux crédits, que les Valeurs Sud-Américaines, émises à 450 francs et dont le rendement dépassait 5 et 5 1/2 0/0, rapportassent 7 ou 8 0/0 minimum, ce qui devait amener mathématiquement une *dépréciation* de 25 à 30 0/0 sur les cours cotés avant la guerre.

C'est ainsi que les titres de rente 5 0/0 de tous les Etats exotiques, ainsi que les principales actions industrielles, pour représenter un avantage réel sur nos rentes françaises, ne devraient côter que 300 francs environ ; en Bourse, la logique ne perdant jamais ses droits.

L'histoire de la Bourse n'est, comme celle du monde, qu'un éternel recommencement, c'est-à-dire qu'elle suit l'évolution que lui impriment les évènements, ce qui ramène alternativement les mêmes fluctuations de hausse et de baisse des grands compartiments de la cote. La question est d'ailleurs beaucoup plus simple qu'on se l'imagine généralement et point n'est besoin de recourir à de savantes statistiques pour expliquer le pourquoi et le comment de ces fluctuations ; le simple bon sens y suffit.

Ainsi, sans nous lancer dans des considérations de chiffres, nous dirons tout de suite que, pendant cette période critique, les capitaux se sont détournés des valeurs exotiques, emprunts d'Etats et sociétés, et se sont portés vers les emprunts français et les valeurs, dites de guerre ; il en est résulté une hausse énorme de ces dernières valeurs. Une fois le mouvement lancé, les capitaux se portèrent avec empressement vers ce nouveau compartiment de la cote, car ils virent l'occasion, non seulement de réaliser un placement avantageux, mais surtout de tenter une spéculation, et l'on sait combien est puissant l'attrait d'un gain spéculatif, même sur le capitaliste le plus timoré.

Or la somme de capitaux circulant dans le monde n'étant point illimitée, il a bien fallu que le portefeuille vende des valeurs exotiques pour acheter des titres de sociétés travaillant pour la guerre ; et tout naturellement l'éffritement des cours des meilleures valeurs sud-américaines s'est produit.

Cependant, il arrivera un moment où ces valeurs industrielles se trouveront capitalisées, c'est-à-dire qu'elles n'assureront plus qu'un revenu minime, tandis que les valeurs exotiques, ayant été l'objet d'une baisse progressive, verront s'accroître leur taux de capitalisation. A ce moment, les capitalistes chercheront à s'assurer leur gain et ne trouvant plus d'intéressantes occasions de placement en valeurs de guerre, se porteront à nouveau vers les valeurs exotiques. Ce mouvement alternatif, qui n'est pas une probalité, mais une certitude, est extrêmement simple et explique tout naturellement la faiblesse des cours des sociétés Sud-Américaines.

En tenant notre raisonnement pour exact, et il l'est indiscutablement, on voit combien il était nécessaire, de résister aux dangereux conseils de certains intéressés et de ne pas se laisser atteindre par le découragement. Il fallait au contraire défendre nos capitaux, même au prix de nouveaux efforts financiers; en agissant autrement, on risquait d'accumuler les déboires et les désillusions. On n'avait pas le droit, tout d'un coup, de laisser ces plans inachevés au risque de compromettre, avec le bon renom de la France, tout à la fois les travaux en suspens et les capitaux engagés.

D'ailleurs, si quelques Etats Brésiliens ont contracté des emprunts, supérieurs à leurs forces, si on a gaspillé des millions au Brésil pour construire des voies ferrées manifestement inutiles, exploité des mines et des districts sans avenir immédiat, le Gouvernement Fédéral, dont l'honnêteté a été universellement admirée, s'est efforcé, depuis la crise, à tout remettre en ordre et il a pris des arrangements pour respecter les engagements antérieurs et payer quelles que douloureuses qu'elles fussent les échéances, à date fixe.

*
* *

Ne pouvant se soustraire à l'ambiance des marchés financiers mondiaux, paralysés par la guerre européenne, le Brésil a eu à faire face à une situation très diffile, mais la crise, quoique sérieuse, qu'il vient de traverser à son honneur, a été beaucoup moins grave qu'on pourrait le supposer et n'a nullement compromis son avenir, retardant à peine son expansion.

Dans les pays vieux, les crises financières prennent un caractère plus grave que dans les pays nouveaux, pour les mêmes raisons que pour les personnes âgées, le diagnostic est moins favorable que pour les jeunes.

Nous pouvons considérer que l'on a beaucoup exagéré la situation du Brésil qui, s'il ne disposait pas encore de grandes ressources financières, comme la plupart des pays, à cette époque d'ailleurs, n'en a pas moins doublé fort honorablement le cap de la crise, qui n'a jamais revêtu de couleurs aussi noires, qu'on s'est complu à nous le représenter.

On peut même se demander si ce ne fut pas un bien pour un mal et si la guerre, en coupant net les crédits, en obligeant le Brésil et ses commanditaires à s'arrêter dans la voie fatale où ils étaient entraînés, n'a pas évité un désastre. En leur imposant de force un arrêt qu'ils n'auraient pas eu, peut-être, l'énergie et la sagesse de s'imposer à temps eux-mêmes, elle a ainsi épargné à ce pays, une situation qui pouvait devenir beaucoup plus grave et plus profondément compromise qu'elle ne l'était en réalité, si l'on n'avait eu le courage de freiner cet organisme économique déséquilibré et emballé.

Et, si la France, quoique parfaitement consciente de ses obligations et de ses intérêts, a eu l'air de se désintéresser et d'abandonner le Brésil pendant la période aigüe de la crise, ce n'est pas en raison de fautes dont il n'était pas seul coupable ou responsable, mais simplement parce que, elle-même, avait besoin de tous ses disponibles et qu'elle avait à faire face au plus cruel et au plus terrible de tous les dangers : l'envahissement de son sol sacré par la horde déchaînée des boches, ivres de sang et de rapine.

D'ailleurs la majorité des intellectuels, composant les classes dirigeantes, avait parfaitement compris le motif primordial qui obligeait la France à cette attitude expectante, et ce n'est nullement à cette cause de bas calcul, comme certains se sont efforcés à le faire croire, qu'il faut attribuer le retard apporté par le Brésil à manifester ouvertement la fraternité intellectuelle et morale qui l'unit à la France. Si ses sympathies, ont tardé quelque peu à se manifester et à prendre une forme effective, la cause en était due, tout simplement, au clan des germanophiles, dont le chef, M. Lauro Muller détenait le portefeuille du Ministère des affaires étrangères.

Ce personnage, d'origine allemande, était par suite — sentiment bien naturel et parfaitement compréhensible — d'un neutralisme à toute épreuve. A maintes reprises, nous avons voulu commenter, dans notre *Chronique Latine*, ses agissements politiques suspects et son attitude ambigüe, mais nos articles furent échoppés sans discernement par la censure, et en France, mal renseigné, on commençait à être persuadé, bien à tort, que cette politique de neutralité était voulue par la masse du peuple Brésilien.

La vérité était cependant tout autre et déjà la déclaration de neutralité, lors de l'entrée en lice du Portugal — qui devait provoquer une si vive émotion au Brésil — avait été le fait de M. Lauro Muller seul, qui gouvernait ainsi contre le sentiment populaire. Fort heureusement, les évènements et la poussée patriotique le contraignirent néanmoins à proclamer, avec assez de mauvaise grâce, la rupture des relations diplomatiques avec Berlin. Sa secrète espérance était que ses nouveaux compatriotes consentiraient à s'en tenir là. Mais, c'était faire preuve d'une bien pauvre psychologie et bien mal connaître le caractère brésilien, tout de générosité, de loyauté et d'honneur, que d'essayer de lui inculquer les monstrueuses conceptions diplomatiques pratiquées par ses ascendants. Menacé d'être balayé par la tourmente, il préféra s'en aller volontairement et en cela il fit bien, car le Brésil, lui aussi, entendait, comme il l'a prouvé, aller jusqu'au bout au côté des alliés.

Nous ne saurions trop apprécier l'attitude loyale de M. Braz, Président de l'Etat et celle de son incomparable Ministre des affaires étrangères, M. Nilo Pecanha, successeur de Lauro Muller, qui surent conserver l'initiative de la grande direction de la politique Sud-Américaine et faire triompher leur point de vue, pour le plus grand profit du Brésil et de la France. Ils furent aidés puissamment dans leur tâche ardue par deux hommes politiques brésiliens illustres : MM. les sénateurs Irineu Machado et Ruy Barbosa, qui se sont fait le plus remarquer par leurs tendances francophiles. Dès le début des hostilités, à maintes reprises, au Sénat et dans de nombreuses conférences et réunions populaires, ils prononcèrent de vibrants discours en faveur de l'Entente, préconisant un rapprochement de plus en plus étroit entre le Brésil et la France.

Ils se firent l'interprête des véritables sentiments de la nation brésilienne à l'égard de la France, s'élevant avec véhémence contre la barbarie et le manque de sens moral des allemands. Malgré les intrigues des boches, installés depuis de nombreuses années au Brésil, malgré le ministre de Guillaume à Rio, malgré la campagne de presse menée par quelques vendus à l'Allemagne, ils firent avancer l'heure de la suprême décision.

Soucieux des intérêts de la France, qui avait donné l'impulsion de ses capitaux au développement matériel du Brésil et persuadés qu'il fallait à tout prix continuer à lui accorder son concours, pour la conservation et le développement de sa commandite, ainsi que pour l'influence et l'expansion commerciale et industrielle qui s'y rattachent, quelques grands français, préconisèrent de toutes leurs forces « l'Union féconde des deux Nations » contribuant ainsi, pour une large part à resserrer les liens étroits qui unissaient déjà ces deux grandes Républiques. Ces illustres français : les P. Doumer, Ch. Richet, P. Adam, baron d'Anthouard, de La Lande, exprimèrent en termes élevés les véritables sentiments de la France envers ce peuple dont la sincérité n'avait jamais fait de doute pour les gens avertis.

Ayant appris à connaître les dirigeants du Brésil, au cours de leurs voyages, ils sûrent s'attirer la sympathie de ceux-ci, par leur attitude courtoise, et firent triompher leurs conceptions, prouvant la nécessité, pour ce peuple, d'aimer la grande France, pays de lumière et de liberté, véritable berceau de l'honneur et de la civilisation mondiale.

Les discours de ces véritables défenseurs des intérêts français eurent un écho retentissant, aussi bien au Brésil qu'en France, et préparèrent favorablement le terrain aux accords économiques qui devaient se conclure par la suite, pour le plus grand profit des deux pays. Bref, il faudra surtout retenir de leur intervention spontanée, les décisions heureuses qu'ils provoquèrent et les erreurs funestes qu'ils prévinrent.

Bien qu'en déclarant la guerre à l'Allemagne le Brésil ne faisait en somme que régulariser la situation, puisqu'il était de cœur avec les alliés depuis le début des hostilités, qu'il favorisait déjà leur ravitaillement et qu'en fait, les relations diplomatiques avaient été rompues antérieurement, cet acte d'une haute importance, que tous les gens avertis souhaitaient vivement en France, n'en constituait pas moins un évènement heureux, de nature à nous toucher profondément et à nous causer une grande satisfaction, aussi est-ce avec une joie sans mélange que nous avons salué l'entrée en lice du Brésil, au côté de la France, dans la conflagration européenne.

Aux yeux de la grande masse de notre peuple, habitué à juger et à peser les évènements sur les résultats immédiats à en attendre pour le bien de notre cause, l'attitude de la grande nation américaine, avait surtout été hautement appréciée comme un geste chevaleresque, question de sentiment et d'atavisme, mais nullement pour le précieux concours que bénévolement elle offrait ainsi aux alliés.

C'était une profonde erreur cependant, qu'il ne faut pas laisser s'accréditer et qu'il est nécessaire de réfuter et de combattre. Car, si en vérité, cette République amie ne put nous donner, au point de vue militaire, en dehors de sa flotte puissante, un sérieux appoint en envoyant ses légions combattre sur notre front, son concours, au point de vue économique et financier, était loin d'être négligeable pour notre ravitaillement d'abord, et ensuite et surtout, pour la sauvegarde de notre commandite.

Pour apporter à la cause de l'Entente, tout l'appui dont il était capable, le Brésil se fit représenter par son ministre à Paris, M. Olyntho Magalhaès, aux conférences interalliées, afin d'assurer l'unité d'action politique, militaire et économique contre l'ennemi commun.

Comme conséquence à cette participation effective, le Gouvernement fédéral décréta : la prohibition, aux sujets ennemis, de toute sortie de marchandises et contrebande de guerre, tout commerce d'importation et d'exportation étant interdit aux allemands au Brésil, les navires brésiliens ne pouvant plus transporter aucune cargaison ennemie et toute marchandise destinée aux sujets ennemis transportée par des navires neutres étant saisie par les douanes brésiliennes ; prohibitions aux sujets ennemis d'envois de fonds à l'étranger ; annulation des contrats de travaux et services publics conclus avec eux ; interdiction d'accorder aux sujets ennemis des concessions de terres. D'autre part, un décret retirait l'exéquatur à tous les sujets allemands exerçant des charges consulaires pour des Gouvernements étrangers.

Tout en assurant la police de ses côtes, le Gouvernement brésilien voulant donner une preuve matérielle de sa solidarité avec les Alliés, offrit sa coopération navale. Une flotte, composée des croiseurs *Rio Grande du Sud* et *Bahia* et des contre-torpilleurs *Parahyba*, *Rio Grande do Norte*, *Piauhy* et *Santa-Catharina* se joignit aux navires de guerre des Etats-Unis pour coopérer avec les escadres britanniques au maintien et à la protection des principales routes maritimes entre les deux continents.

En outre, le Brésil prit lui-même en main l'application des listes noires et exerça son contrôle sur les firmes ennemies.

Ayant compris combien le rôle joué par le facteur économique était important pour le triomphe de la cause de l'Entente dans la lutte sans merci qui se livrait sur le frcnt occidentale, le Brésil, faisant preuve ainsi d'un noble désintéressement et voulant prouver de toute évidence que son attitude n'avait été inspirée par aucun esprit de lucre, décida de conclure un accord économique avec la France, pour lui livrer les navires allemands saisis antérieurement dans les ports brésiliens. Lui, qui souffrait d'une crise de transport intense, n'ayant pas une flotte suffisante pour son commerce au long cours et de cabotage, n'hésita pas à mettre à la disposition de la France une cinquantaine de puissantes unités, représentant un tonnage de 42.000 tonnes environ.

Cette prise de guerre, capital considérable, qui garantit largement l'Etat, contre le non payement des créances qu'il possède sur l'Allemagne, reste sa propriété.

Cette convention répondait, avec des avantages équivalents, aux intérêts du Brésil et de la France, apportait un remède efficace contre la disette, ce nouveau danger qui menaçait l'Entente, et permettait d'intensifier le trafic brésilien avec notre pays, auquel il fournit toutes les denrées indispensables à sa vie économique, qu'il possède à profusion. Cet accord venait d'ailleurs en cimenter et en compléter d'autres.

*
* *

Pour maintenir et développer nos relations avec le Brésil, nous avions exclusivement compté sur notre sympathie réelle et réciproque sans tenir compte de l'œuvre de pénétration germanique qui s'effectuait cependant sous nos yeux.

Il ne faut jamais faire fi des sentiments, mais il est préférable qu'ils ne restent pas exclusivement platoniques ; les intérêts financiers et économiques ayant leur importance. Or, précisément des questions d'intérêts trés délicates étaient en suspens entre le Brésil et les puissances de l'Entente et nous ne saurions trop souligner l'intérêt que présentait, aussi bien pour le Brésil que pour la France, la solution heureuse, qui intervint d'une façon si opportune.

La plus grosse difficulté à résoudre, portait sur la vente des cafés brésiliens. C'était la base de tout. Si le Brésil ne pouvait vendre son café, ses ressources financières, qui parvenaient déjà difficilement à faire face à une situation très tendue, menaçaient de diminuer dans de fortes proportions. Or, le débouché allemand était fermé par la guerre, l'Angleterre venait d'inscrire, par suite de la guerre sous marine, la précieuse graine, sur la liste des importations interdites.

Imbu de ce principe, qu'un créancier ne s'est jamais bien trouvé des difficultés qui assaillent son débiteur et doit, au contraire, intervenir pour sauvegarder sa créance, pour soutenir ce qui est bon, pour rendre bon, autant que possible ce qui est douteux ou mauvais, la France, a tenu, elle, à ménager les intérêts brésiliens, qui étaient d'ailleurs un peu les siens, car elle figure parmi les principaux créanciers de la République Latine. Elle se devait à elle-même, d'aider le Brésil à sortir de cette impasse, pour que son développement ne soit pas compromis, car, c'est tout le peuple français, qui eût été atteint avec lui.

Cet accord, intervenu à un moment vraiment opportun, maintenait l'autorisation d'importer les cafés, l'institution d'un service d'achat au Brésil, la création, par la France, de facilités de transports en échange de facilités d'emmagasinage des stocks par le gouvernement brésilien et le réglement par compensation, des achats faits par la France au Brésil et des dettes du Brésil en France, au moyen d'une convention entre les trésoreries des deux pays.

Les circonstances doublaient la valeur de cet accord. Car, ce qui donnait à cet arrangement une valeur particulière, c'était la question du change, si onéreuse pour le trésor brésilien, qui devait supporter une perte de 25 0/0 pour effectuer ses payements en or en Europe, et qui se trouvait ainsi pratiquement résolue, tout au moins en ce qui concernait le payement des arrérages de la dette, fait dorénavant en valeurs marchandises et converties en monnaie fiduciaire par le Gouvernement français, qui effectuait, lui, le paiement des coupons.

Faisant d'une pierre deux coups, la liquidation de tout le passif brésilien et la solution des affaires litigieuses en suspens, purent être envisagées et menées à bien. La défense des intérêts français avait été confiée au Directeur de l'Office National des Valeurs Mobilières. Financier émérite et intègre, aussi énergique que sagace, M. Chevalier, qui a fourni un labeur écrasant, s'est véritablement dévoué, se consacrant entièrement à la tâche si ardue qui lui était dévolue, pour obtenir un résultat tangible et satisfaisant. Qu'on veuille bien croire que ce n'est pas par basse flagornerie qu'il nous a plu de rendre hommage à M. Chevalier. Nous savons par expérience, combien l'étude de toutes ces questions était complexe, combien les difficultés étaient difficiles à résoudre, pour ne léser aucune des parties en cause, qu'il était nécessaire de faire choix d'un homme travailleur, à l'esprit large, ne s'arrêtant pas à de vulgaires mesquineries, et qu'il fallait en outre un négociateur aussi adroit que subtil pour faire triompher ensuite ses conceptions.

Toutes ces qualités indispensables, M. Chevalier, les réunissait en propre, aussi n'est-il pas étonnant qu'il jouissait de la confiance bien méritée de la Haute Banque Française; il a droit aujourd'hui à la gratitude de tous.

Bref, conduites dans une atmosphère lumineuse, ces négociations ont permis de réorganiser les bases de ces affaires. Depuis quelques années il s'était accumulé un arriéré d'intérêts impayés et de garanties insuffisantes, notamment pour des affaires de chemins de fer et de ports. Tout cela a donc pu être mis au net et les comptes apurés jusqu'au 15 janvier 1917. C'est ainsi que les sociétés françaises, lorsqu'elles auront mis à jour le paiement des intérêts et amortissement en souffrance, pourront reprendre leur exploitation normale.

On conçoit donc toute l'importance de cette convention, dont nous ne saurions trop faire valoir, au risque même de passer pour un rabâcheur, les multiples avantages réciproques, et qui porte en soi la preuve tangible qu'en aucun cas l'assistance de la France ne fera défaut à sa grande amie, dont elle pourrait avoir besoin pour surmonter les difficultés éventuelles qui, pendant cette période de crise intense, affligent presque toutes les nations.

De cet évènement heureux — l'expression n'est pas trop forte — il se dégage une impression tout à fait favorable au crédit du Brésil et au prestige de la France, surtout en raison du réglement rapide de ces questions en suspens depuis plus de trois ans et qui portaient sur plusieurs centaines de millions. Ainsi apparâissait en pleine lumière l'évolution qui se produisait et qui continuera par un entraînement fatal.

Mais, si l'ère des difficultés se trouvai t ainsi à peu près close, il serait profondément injuste d'en attribuer tout le mérite à cet arrangement, comme certains se sont efforcé de le faire à l'époque de sa conclusion.

Par une heureuse coïncidence cet accord Franco-Brésilien est venu cimenter simplement les efforts louables accomplis par le Brésil pour surmonter les difficultés économiques et financières avec lesquelles il se trouvait aux prises, depuis quelques années.

Il est intervenu à l'heure où le plus dur de l'œuvre réparatrice était accomplie, où le Brésil, par ses seules ressources, grâce à la bonne administration de son Président — comme nous le verrons par la suite — était rentré déjà dans la voie des saines finances, ayant presqu'entièrement liquidé et consolidé son lourd passé ; il a permis simplement la restauration plus rapide du crédit national brésilien, en affermissant définitivement sa situation financière et sa solvabilité reconquise.

Sans exagérer l'importance du mouvement de cette renaissance économique, il est permis de se réjouir au spectacle de cette grande nation, qui a fait preuve de vitalité en se ressaisissant immédiatement, que la situation lui est apparue comme particulièrement tendue et difficile. Et, aujourd'hui déjà, on peut dire, après le choc infligé par la guerre, alors que les hostilités sont à peine terminées et que la suspension de crédit dure encore, que le pays passe maintenant par la transition subséquente à la liquidation du passé et précédant le retour à l'équilibre économique, c'est-à-dire le rétablissement du rythme régulier entre la création des ressources, la liquidation des engagements et la capacité productrice de la nation.

C'est ainsi que la Grande République Sud-Américaine, est en ce moment en pleine activité. L'opulence de ses trésors naturels et la variété de son climat, la fertilité de son sol, l'étendue de sa côte maritime, l'ensemble enfin, de ses conditions privilégiées à l'agriculture, à l'industrie, au commerce, grâce à la polyculture, lui assure une franche et croissante expansion. La crise brésilienne n'a donc été qu'un accident commun dans la vie des peuples en évolution active. C'est l'avantage des pays nouveaux et naturellement riches, comme le Brésil, où les sources de la production et de la richesse se multiplient facilement.

Les résultats de la politique extérieure, économique et financière — dont on ne tardera pas à constater les effets bienfaisants d'une manière plus tangible encore — suivie par le Brésil sont donc bien faits pour raffermir et raviver la confiance des capitalistes. Après de longs mois d'attente et d'inquiétude, leur confiance ayant été bien souvent soumise à de rudes épreuves, les porteurs de valeurs brésiliennes, récompensés de leur patience, connaissent aujourd'hui une sécurité et des joies de reprise, qu'ils ont bien méritées.

L'amélioration, déjà si sensible du compartiment brésilien, appelée à se continuer dans des proportions de plus en plus marquées, constitue un résultat satisfaisant et surtout tangible pour les épargnants de France, qui récupèrent ainsi une bonne partie, à l'heure présente, de leur fonds, qu'un moment ils crurent compromis et consacre d'une façon splendide la force et l'énergie du Brésil.

Les lecteurs habituels de notre *Chronique Latine* et ceux qui nous ont fait l'honneur de lire notre brochure *La Crise Brésilienne*, n'ont pas lieu de s'étonner de cet heureux dénouement, nous le leur avions bien fait prévoir car, même au moment où la situation était la plus tendue, nous nous sommes fait un devoir de prodiguer avec insistance nos conseils de sagesse et de prudence, incitant les porteurs à prendre patience et à faire confiance à ce riche pays. Nous nous flattons que les faits nous ont donné raison et nous avons la certitude qu'ils continueront à nous la donner.

En résumé, l'impression dominante qui se dégage, à l'heure actuelle, est que le Brésil prend une importance de plus en plus grande dans le monde et que, si une collaboration étroite est commandée par nos intérêts, notre négligence à son égard serait criminelle. Il faut que la France tende les bras à son amie, à sa jeune filleule de l'Amérique du Sud.

En liant son sort au nôtre, le Brésil a proclamé ainsi sa foi ardente dans la France et dans la victoire des alliés — alors incertaine — et ce beau geste, qui était un vibrant témoignage de sympathie et d'encouragement de cette noble nation, que trop souvent nous avons méconnue, mérite toute l'affection du peuple français.

Espérons qu'au jour prochain de la signature de la paix nous saurons nous souvenir de cette attitude chevaleresque, pour que le Brésil puisse obtenir une juste compensation à ses sacrifices, bénévolement consentis, et qu'à défaut, nous lui apporterons l'appui de notre force financière comme marque de notre reconnaissance.

* * *

Mais, il ne s'ensuit pas que nous devions aveuglément soutenir tout ce qui porte l'étiquette brésilienne, au contraire, il faut se prémunir contre tout engouement ou emballement excessif, un enthousiasme abusif comportant souvent de nombreux aléas et dangers.

Aussi, si nous nous sommes efforcé toujours, sans esprit de lucre aucun, de soutenir le moral des capitalistes français, c'est en disant ce qui nous semblait être la vérité, n'ayant d'autre souci que de rendre service, dans la mesure de nos forces, à la France et au Brésil.

Ne nous laissant détourner du chemin que nous nous sommes tracé, par aucune considération ou influence personnelle, n'épousant aucune querelle, ne prenant aucun parti, aucune attitude sans nous appuyer sur des faits ou des chiffres, nous nous sommes donné pour mission de renseigner, avec bonne foi et impartialité, ceux qui s'intéressent au développement de cette Grande République Sud Américaine ; de coopérer à ce développement, si remarquable et si digne d'intérêt, en faisant connaître les richesses naturelles et latentes de ce vaste pays plein de promesses, en fournissant des données exactes sur les progrès déjà accomplis, en facilitant l'étude et l'organisation d'entreprises nouvelles dignes d'appeler le concours de capitaux français, en avertissant, afin de leur éviter toute désillusion, ceux qui voulaient se mêler à sa vie agricole, industrielle et commerciale, soit en confiant des capitaux à des tiers, soit en allant eux-mêmes chercher un champ d'action qui réponde à leur énergie et initiative, des difficultés qu'éventuellement ils auraient à vaincre. C'est là, notre seul et unique but, en publiant cette brochure.

CHAPITRE II

Situation financière critique. — Liquidation de tout le passif et assainissement des finances. — Le bilan d'une Présidence. — Fin de la Caisse de Conversion. — Le nouveau Président. — La Commandite française.

Sans vouloir refaire ici l'historique de la Crise Brésilienne, renvoyant ceux de nos lecteurs, qui voudraient avoir de plus amples détails, à notre précédente brochure portant ce titre suggestif, nous résumerons néanmoins, aussi brièvement que possible, les charges énormes auxquelles le Brésil avait à faire face au lendemain de la déclaration de guerre. C'est la meilleure façon, nous semble-t-il, sans farder la vérité, de démontrer la capacité de résistance de ce pays, ses ressources prodigieuses, la vitalité considérable, pour un pays neuf, et les efforts sérieux dont il a dû faire preuve pour vaincre fort honorablement les difficultés énormes avec lesquelles il se trouvait aux prises.

Au milieu de 1914, les conditions économiques et financières du Brésil étaient déjà très critiques, et celà, non seulement par suite de dépenses excessives, incurie et gaspillages des différents Ministères, qui se traduisaient annuellement par un important déficit budgétaire, mais aussi par suite de la diminution des recettes publiques et de la dépréciation des principaux produits de l'exportation.

Or, rien n'était tenté pour enrayer cette crise qui,

chaque jour, prenait des proportions plus graves, menaçant de mener doucement, mais sûrement, ce riche pays à un désastre, dont la répercussion eut eu des conséquences incalculables.

Toutefois, ces conditions devaient empirer considérablement quand éclata la guerre européenne qui, en désorganisant complètement les échanges internationaux, en restreignant les crédits intérieurs et extérieurs et en rendant difficiles les transports maritimes, devaient créer la situation anormale et très grave contre laquelle durent lutter d'ailleurs toutes les nations du monde.

Et au Brésil, malheureusement, par suite des erreurs et imprudences depuis longtemps accumulées, les effets pernicieux de cette crise, évidemment la plus redoutable qu'il eut été possible d'imaginer et d'affronter, se sont fait sentir avec une violence plus grande.

Le Brésil fut donc surpris en plein développement de son outillage économique qu'il réalisait avec le concours de la commandite étrangère et particulièrement française, ce qui lui imposait de lourdes charges à satisfaire immédiatement. Or, les entreprises et les travaux publics pour lesquels ces charges avaient été contractées, ou bien devenaient paralysés ou bien, s'ils étaient achevés, ne devaient produire qu'à plus ou moins longue échéance leur plein rendement. D'autre part, la commandite européenne, arrêtée par la guerre, cessait de fournir ses capitaux. Il en résultait une rupture d'équilibre de la balance économique et un découvert financier considérable, les ressources réelles n'étant pas suffisantes pour faire face aux engagements assumés.

C'est à cette époque, — novembre 1914 -- qui marque le point culminant de la crise, que M. Wenceslao Braz, fut appelé à la suprême magistrature du pays.

Fin 1914, la Dette de l'Union, y compris le Funding Laon, conclu au lendemain de l'avènement du nouveau Président, s'établissait comme suit :

Dette extérieure.......	£	104.481.728
Dette intérieure.......	—	758.672

La circulation fiduciaire était de 822.496:018 $ et les dettes restant à payer des exercices de 1914 et antérieurs, s'élevaient à environ 300.000.000 $, alors que pour faire face à ces exigibilités le Trésor disposait de 27.000:000 $

Mais ce qui aggravait singulièrement cette situation déjà tendue, mais qui ne présentait rien de critique en soi, c'étaient les charges et responsabilités résultant des contrats de voies ferrées, ports, etc., etc., que trouva le Président en arrivant au pouvoir. Elles s'élevaient à plus de 1.500 millions de francs, chiffre fantastique, produit d'un véritable vertige de progrès matériel qui entraînait le Brésil à l'abime.

Les dettes brésiliennes, du seul chef des chemins de fer, s'élevaient à 625 millions de francs, représentés par les bons de rescision ou emprunts de rachat des garanties, les emprunts des chemins de fer du Ceara, de Santa-Catharina, Itapura-Corumba, Goyaz et réseau de Bahia. A ce chiffre venaient s'ajouter 195.983 contos en apolices de dette intérieure, ce qui représentait un total de 875 millions de francs.

En outre, le service des garanties d'intérêts demandait dans cet exercice 1.913 contos or et 3.577 contos papier. Et, pour exécuter tous les travaux qui étaient prévus par les contrats, il eut fallu, d'après les calculs de l'inspection fédérale des chemins de fer, dépenser encore 297.465 contos en espèces et 188.917 contos en apolices, le tout représentant environ 600 millions de francs, plus les garanties d'intérêt, soit bien des dizaines de milliers de contos.

Quant aux responsabilités pour les travaux des ports, elles se montaient à 50 millions de francs de paiement à effectuer pour les travaux de la barre de Rio Grande du Sud, plus les garanties d'intérêt résultant des concessions faites. Ces garanties atteignaient les sommes de 4.277 contos or et 197 contos papier.

En totalisant toutes ces charges on arrivait à un chiffre formidable, invraisemblable, d'engagements correspondant aux contrats d'entreprises de travaux publics et de garanties d'intérêt dont on avait follement écrasé le Trésor.

Contrairement à ce que faisait son prédécesseur, qui était un politicien plus qu'un administrateur, M. Braz déclara, dès sa prise de possession du pouvoir, que son rôle n'était point, selon lui, de faire de la politique, mais de l'administration. Aussi ses premiers actes furent-ils unanimement accueillis avec faveur et sa gestion, comme nous allons le voir, n'a pas démenti ses déclarations.

Sa première préoccupation fut d'arriver à des règlements ou à des arrangements avec les créanciers de son pays et pour pouvoir faire face, sans tergiversation, aux difficultés temporaires qui l'assaillaient, il négocia fort habillement un Funding qui englobait tous les emprunts extérieurs, sauf le Funding de 1898. Le service d'intérêt en or de la Dette fédérale était ainsi suspendu pour une durée de trois ans et l'amortissement pour une période de treize ans. De ce fait pour effectuer, en Europe, ses paiements en espèces, l'Union ne devait décaisser que 1.334.751 £ au lieu de 6.006.784 £, d'où une différence de 4.672.033 £.

En ce qui concerne les engagements arriérés, il combla une partie de la Dette flottante, évaluée à 400.000 contos environ, en émettant 150.000 contos de papier monnaie, 50.000 contos or de lettres du Trésor 5 0/0 et 100.000 contos d'obligations 6 0/0 papier. Ces émissions permirent de rendre à la circulation des sommes considérables dont la pénurie du Trésor privait le crédit commercial et les affaires en général.

Pour relever celles-ci, une émission de 100.000 contos de papier monnaie fut faite conjointement avec celle de 150.000 contos destinée à couvrir des engagements du Trésor et ces 100.000 contos furent prêtés aux banques pour développer leurs escomptes. Cette émission totale de 250.000 contos fut garantie par la totalité des recettes des douanes de Rio-de-Janeiro

Voulant diminuer les charges du Trésor par des moyens appropriés, M, Braz, poursuivit la revision du contrat de service et travaux pnblics, en limitant et déterminant exactement les responsabilités existantes et celles qui devraient être créées et, par conséquent, en suspendant tous les travaux en cours d'exécution, à l'exception de ceux qui, par leur état d'avancement, par les résultats indirects qu'ils pourraient apporter au développement de la région qu'ils desservaient ou, par suite des engagements existants, ne pouvaient laisser d'être achevés.

Tout en donnant des témoignages indéniables de ses bonnes intentions, le Gouvernement chargea le Ministre des Travaux publics, M. Tavares de Lyra, de déblayer le terrain et d'examiner la solution immédiate qu'il y avait lieu de donner à ces nombreuses et délicates questions déjà amplement étudiées et qui répondait au programme d'économie, de coupes profondes et d'assainissement préconisé par le Président de la République.

En moins d'une année, les économies réalisées du chef

de la revision, de l'annulation de ces innombrables contrats, ou de la cessation de responsabilités pesant sur le Gouvernement s'élevèrent à 330 millions de francs. C'était évidemment un chiffre respectable, mais qui était encore bien inférieur à celui qui devait être atteint par la suite (700 millions).

C'est ainsi, pour n'en citer que quelques-unes, que furent liquidées les réclamations de la Madeira-Mamoré ; qu'on en finit avec la mauvaise plaisanterie du réseau ferré du Céara ; qu'on consolida les contrats des chemins de fer Sao-Paulo-Rio-Grande, de Parana et de Terezopolis, ainsi que celui de la Navigation Côtière ; qu'on fixa la date du délai de rachat des docks de Santos par l'Union et qu'on régularisa les difficultés pendantes entre l'Union et cette compagnie. Une solution heureuse intervint également dans le règlement des affaires du chemin de fer Nord-Ouest du Brésil, chemin de fer de Goyaz, Réseau de Bahia, Port de Rio-Grande du Sud, etc. En outre, on annula le contrat avec l'entreprise de navigation de Barbara et fils au Rio-Grande du Sud.

D'ailleurs, par la suite, toutes les questions litigieuses pendantes entre le Brésil et les sociétés exploitantes, devaient être liquidées d'un seul coup. Grâce à l'accord Franço-Brésilien, dont nous avons parlé dans le premier chapitre de cet ouvrage. Les capitalistes français intéressés dans ces entreprises, et qui attendaient anxieusement, peuvent se réjouir, des modifications contractulles les intervenues.

Ainsi, le Président de la République, M. Venceslao Braz, se montrait-il à la hauteur de la lourde tâche qu'il avait assumée. Grâce à des mesures économiques importantes, il initiait une œuvre utile de restauration financière, dont la marche progressive ne devait pas se ralentir, malgré toutes les difficultés dues à la situation de guerre dont la prolongation ébranlait la vie économique de presque tous les Etats du monde.

Sans souci de l'impopularité s'attachant toujours aux économies, aux augmentations d'impôts, aux réformes qui font des mécontents, M. Braz, tailla dans les dépenses, créa des surtaxes ou de nouveaux impôts, malgré les protestations de la Ligue du Commerce et passant outre aux intérêts individuels d'une petite minorité en conflit avec ceux de la Nation, il eut l'énergie, le courage, de s'attaquer au fonctionnarisme, ce parasitisme sacro saint qui ronge le budget.

Au Brésil, plus que partout ailleurs, c'est une véritable plaie sociale. Les services administratifs avaient le double d'employés de ce qu'il fallait et leur entretien coûtait annuellement 240.000 contos. Bien que les résultats obtenus, en réduisant le personnel des fonctionnaires, aient été minimes comparativement à ce qu'ils auraient dû être — une économie de 40.000 contos étant facilement réalisable sur ce poste important du budget — il n'en reste pas moins que c'est un premier pas de fait dans la voie de cette réforme nécessaire, indispensable même, et qui tôt ou tard devait être réalisée.

Après avoir comprimé les dépenses dans la mesure du possible, réalisant 100.000 contos, en chiffres ronds, d'économies par an, maximum de ce qui pouvait être obtenu — à moins de s'arrêter à des économies insuffisantes de bouts de chandelles — le Président s'ingénia à relever les recettes à l'aide de nouveaux impôts.

Avec un régime prohibitif comme celui des douanes brésiliennes — dont la quotité des droits payables en or venait d'être portée de 40 à 50 0/0 — à la fois protectionniste et fiscale, il faillait, à défaut d'importations, demander les ressources du budget au droit de consommation généralisé, le plus équitablement réparti entre tous les Brésiliens, principalement sur les articles les plus protégés ou sur ceux qui sont les plus généralement utilisés.

M. Braz fit donc voter par la chambre : 1° une surtaxe sur les allumettes, le tabac et la parfumerie ; 2° des taxes nouvelles sur les boissons, le café torréfié, le beurre, le sucre raffiné et la gazoline ; 3° un droit sur le transfert des apolices de la Dette publique et des embarcations ; 4° une taxe de 5 0/0 sur les intérêts des apolices.

En réalité, le sacrifice demandé aux Brésiliens, pour faire honneur aux engagements du pays, ne représentait qu'une faible partie de la plue-value de ces produits de consommation payée au commerce, au profit de la production intérieure devenue extrêmement active, car elle profitait de la diminution des importations et de la plus grande demande des denrées du pays par les puissances européennes alliées.

Comme il ne saurait y avoir de bonne administration sans de bonnes finances, le premier des soins de M. W. Braz, fut de modifier et de rectifier, d'heureuse façon, les errements budgétaires suivis antérieurement, de manière à ne pas dépenser un sou en dehors des crédits votés et de n'engager aucune dépense qui n'ait été fixée par une loi et un crédit porté au budget. C'était le retour aux procédés financiers réguliers et l'on put constater, pour la première fois depuis bien des années, que le montant des dépenses réalisées ne dépassait pas celui des dépenses votées.

Il y avait incontestablement dans ce double résultat atteint par le Président, diminution de la dépense proportionnellement à celle de la recette et correspondance entre la dépense votée et la dépense réalisée, une amélioration considérable. C'était comme un nouveau chapitre de l'histoire de la vie économique du Brésil qui s'ouvrait dès lors.

Cette politique d'apaisement, de reconstitution financière par l'économie, l'équilibre budgétaire et le temps d'arrêt marqué dans les emprunts trop multipliés qui avaient saturé les grands marchés de capitaux de papier brésilien mal absorbé, ne devaient pas tarder à faire sentir leurs effets bienfaisants et à rendre au crédit brésilien tout son prestige en le faisant sortir fort honorablement de ce second funding, lui permettant en même temps de liquider la masse des engagements arriérés que nous avons énumérés au début de ce chapitre, relativement aux paiements intérieurs et au rachat des responsabilités en or.

La bonne administration de M. Braz, un des rares hommes d'Etat brésiliens qui dominait le *politicagem*, fléau de ce pays, administrateur souple, prudent, calme, modéré, esprit essentiellement conservateur, apporta un correctif et une orientation salutaire contre les abus du passé, en même temps qu'elle faisait naître une puissante impression de réconfort et de grand espoir, pour le plus grand profit de la nation. Son ascension à la suprême magistrature du pays avait fait d'ailleurs concevoir les plus légitimes espérances et il les a simplement réalisées. Qu'on nous permette de nous citer nous-même, non pas pour faire valoir une vertu prophétique, mais pour montrer qu'à aucun moment, les gens avertis ne pouvaient douter du Brésil. En 1915, lorsque nous publiâmes notre brochure, « La Crise Brésilienne », nous disions : « Le nouveau Président du Brésil est un homme de valeur, conscient de la gravité de l'heure, et nous sommes convaincu que la politique de sagesse et de rigoureuse économie qu'il pratique, viendra à bout des difficultés passagères avec lesquelles le pays est aux prises. »

Cet exemple fécond du travail et du progrès devait exercer une influence heureuse et apaisante, ramener la confiance et consolider le crédit ébranlé par les politiciens qui avaient failli jeter le Brésil, non seulement dans l'anarchie politique, mais aussi dans l'anarchie financière. Grâce à cette saine gestion des finances, ce riche pays put soutenir son crédit et conservera — ce qui est tout aussi important — le courant de capitaux indispensable à son progrès, au maintien de l'équilibre de sa balance économique et à l'amélioration des cours du change, que l'incurie et des gaspillages éhontés avaient fortement contribué à déprécier.

Bref, ce qu'il faut retenir de l'exposé que nous venons de faire, c'est que le grand mouvement de liquidation du passé et de renaissance économique a eu pour bases essentielles la restriction dans les dépenses, le contrôle plus sévère des recettes, l'augmentation judicieuse des impôts de consommation et enfin, l'appel direct à la confance de ses propres nationaux, au moyen d'émissions de titres de la Dette publique intérieure 5 0/0.

En outre, et sans présumer en quoi que ce soit de son essor économique futur, qui s'annonce comme prodigieux mais qui appartient au domaine de l'avenir, il est incontestable que le Brésil, dès qu'il s'est senti livré à lui-même, a su tirer un merveilleux parti de toutes ses richesses naturelles. Aux surprises des premiers moments, causées par la conflagration européenne, a succédé une période économique nouvelle favorable au pays. La réduction de l'importation des produits que les pays belligérants européens envoyaient au Brésil a forcé la production nationale à se faire intense ; le pays a dû exploiter des ressources qu'on n'utilisait point et à augmenter son activité industrielle et agricole. La production a augmenté de quantité et évolue de façon à s'adapter aux conditions du pays. Il a donc largement bénéficié de la conflagration en donnant cette impulsion nouvelle à son industrie, à son commerce et à sa production. Or, ce bénéfice lui restera tout entier après la signature de la paix, alors que les effets de la guerre disparaîtront peu à peu.

Ainsi donc, l'avenir financier du Brésil aurait été tout à fait éclairci sans la prolongation des hostilités et sans la crise des transports qui devait se faire plus intense à mesure que nous approchions de la fin de la guerre.

* * *

Maintenant que nous avons exposé minutieusement les manœuvres employées par le Brésil pour restaurer ses finances et équilibrer son budget, nous allons jeter un rapide coup d'œil sur les résultats des deux derniers exercices budgétaires connus.

On y constate que les recettes des douanes ont considérablement diminué, alors que les droits de consommation ont fourni une plus-value compensatrice grâce au développement industriel du Brésil.

Recettes des douanes

	Contos or	Contos papier
1914........	60.564	
1915........	41.025	
1916........	56.002	

Recettes des droits de consommation

	Contos papier
1914........	52.240
1915........	67.775
1916........	83.827
1917........	114.819

Les nouvelles dépenses entraînées par l'état de guerre, qui venaient s'ajouter aux 750 millions de francs, moins-value des recettes, augmentation des prix d'achat et des frets, renchérissement de la vie en général, et par la nécessité de fomenter le développement économique du pays pour créer de nouvelles ressources de production, devaient nécessairement nuire à l'équilibre budgétaire qu'assurait d'autre part la grande politique d'économie appliquée par le Président.

Voici comment se sont établies les balances des exercices en 1916 et 1917 :

Exercice 1916

	Milreis or	milreis papier
Recettes ordinaires et extraordinaires . .	73.942.954	353.260.392
Dépenses ordinaires et extraordinaires . .	83.133.355	496.080.249

Avec les opérations de crédit, émissions de papier-monnaie (140.500 contos), émissions de lettres du Trésor d'apolices et de funding, rachat de lettres et en ajoutant les soldes de l'exercice 1915, on arrive au total général de recettes et de dépenses suivant :

	Milreis or	Milreis papier
Recettes générales de 1916.	179.876.774	915.104.637
Dépenses générales de 1916	96.131.601	540.181.157
Solde reporté à 1917	83.745.173	274.980.479

Exercice 1917

Recettes ordinaires et extraordinaires . .	166.245.463	368.489.969
Dépenses ordinaires et extraordinaires. .	109.351.953	524.420.270

Procédant de la même manière que pour l'exercice antérieur, émissions de papier-monnaie (267.000 contos), émissions de lettres du Trésor, etc., et en ajoutant les soldes de 1916, on a, pour 1917, le total général de recettes et de dépenses qui suit :

Recettes générales de 1917.	183.673.747	995.489 290
Dépenses générales de 1917	133.896.617	540.693.743
Solde reporté à 1918	49.777.130	454.796.147

Comme on le voit, le déficit restait assez important et ce n'est que par des opérations de crédit, qu'on put couvrir tous les paiements et mettre le Trésor à jour. A une époque aussi anormale, on ne pouvait penser à équilibrer les budgets que par les opérations de crédit énumérées ci-dessus, notamment l'émission du papier-monnaie.

Certainement, l'augmentation de la circulation fiduciaire a de grands inconvénients, car on peut toujours craindre les dangers de l'*inflationnine*, mais c'était le moyen le plus pratique pour régulariser et soutenir l'activité grandissante du pays, que de recourir à cet emprunt indirect, sans intérêt, se distribuant insensiblement.

D'ailleurs, le grand développement de la production rurale avait déterminé le drainage vers l'intérieur d'une grande quantité de numéraire que thésaurisaient les colons ou qui ne revenait que lentement sur les grandes places par suite de la difficulté des communications dans un pays aussi vaste et où les moyens de crédit pour la mobilisation des capitaux étaient si restreints. D'autre part, la masse de l'exportation allait croissant ; les prix de vente montant en raison de la demande, il s'était produit un énorme renchérissement des matières premières et du matériel importé par le Brésil.

Bref, il y avait une extraordinaire valorisation de toutes les marchandises et, par suite de l'insuffisance des transports, il s'était formé sur toutes les places du pays de grands stocks représentant des sommes considérables.

Aussi constatait-on les podromes d'une crise monétaire résultant de l'insuffisance manifeste de l'instrument d'échange ; la hausse rapide du taux de l'escompte était un de ses symptômes. Tout plaidait donc en faveur d'une nécessité absolue de l'augmentation de la circulation fiduciaire.

Or, la circulation monétaire, au Brésil, qui était en 1914 de 891.925 contos en billets convertibles et inconvertibles, est passée à 584.118 contos, représentant une moyenne par tête d'habitant de 63 milreis, alors que la moyenne en Argentine correspond à 377 milreis, c'est-à-dire 6 fois supérieure. Le Brésil avec ses 25 millions d'habitants a, en effet, une population triple de celle de l'Argentine et son étendue territoriale est plus du double. De plus, le chiffre du commerce d'exportation de l'Argentine correspond seulement à 61 0/0 de la circulation fiduciaire, alors que l'exportation brésilienne, en 1917, représentait 97 0/0 de la circulation monétaire du Brésil. Et il convient de tenir compte que le Brésil a un commerce intérieur, entre ses Etats, bien plus intense que celui de l'Argentine.

Donc, la circulation fiduciaire du Brésil était beaucoup moins considérable, au point de vue absolu et au point de vue relatif, qu'en Argentine, ce qui plaidait évidemment en faveur d'un accroissement de l'émission brésilienne, d'autant plus que l'Argentine, malgré sa circulation très supérieure, provoquant l'*inflationnisisme* et déterminant des immobilisations énormes dans les banques, conservait la stabilité de sa piastre.

Partant de ces comparaisons et tenant compte de la population et de l'étendue territoriale bien plus considérables du Brésil, de ses moyens intérieurs de communication, de ses nombreux ports, de sa décentralisation économique, de son organisation bancaire, enfin du manque de banques et de caisses d'épargne, on peut estimer que l'insuffisance de la circulation fiduciaire était patente et que le niveau atteint aujourd'hui est loin d'être exagéré.

Tout cela permet d'envisager sans crainte le poids des charges extérieures et intérieures de l'Etat fédéral brésilien, qui s'inscrivent actuellement comme suit : Dette extérieure, £ 115.448.199 sur laquelle l'émission de titres de funding de 1914 représente £ 13.137.998. Dette consolidée intérieure, 937.724.500 milreis. Papier-monnaie en circulation, 1.289.414 contos. La Dette flottante constituée en lettres du Trésor dues à Londres a été réduite à £ 88.922, au lieu de £ 5.000.000 émises : celle en lettres du Trésor papier a été réduite à 30.370 contos.

Quoique les exportations aient été considérablement réduites, par suite des hostilités, les importations ayant subi une diminution équivalente, la balance commerciale est redevenue favorable au pays en 1917, laissant un excédent de £ 15.365.000. En effet, l'importation de marchandises s'est élevée à £ 44.510.000 et l'exportation à £ 59 millions 875.000.

Mais le manque de transport devait affecter plus sérieusement encore l'économie brésilienne. Alors que le tonnage total des sorties de navires avait été en 1896 de 17 millions de tonnes, il a dépassé de peu 14 millions en 1917 ; cette diminution devait s'accentuer encore cette année et les statistiques de l'exportation seraient alarmantes si l'on ne savait que les achats et la demande de produits brésiliens sont de plus en plus considérables et que seul le manque de navires empêche l'exportation de prendre son essor et de profiter des hauts prix actuels.

Voici en attendant quel a été le mouvement de l'exportation et de l'importation du Brésil pendant les quatre premiers mois de cette année comparativement à la même période des quatre années précédentes :

Exportation

	Tonnes	Valeur en £
	—	—
1914.....	481.530	20.002.000
1915.....	540.486	18.617.000
1916.....	555.759	17.164.000
1917.....	658.368	21.003.000
1918.....	579.624	17.576.000

Importation

	Tonnes	Valeur en £
	—	—
1914.....	1.456.490	16.284.000
1915.....	791.537	8.606.000
1916.....	847.655	10.683.000
1917.....	655.431	12.644.000
1918.....	556.427	15.498.000

Le tonnage de l'importation a beaucoup diminué mais l'augmentation de valeur des articles importés a contribué à réduire le solde de la balance du commerce extérieur :

Excédent d'exportation

1914..........£	3.718.000
1915..........	10.011.000
1916...........	6.481.000
1917...........	8.359.000
1918...........	2.078.000

Le café et le caoutchouc, les principaux articles d'exportation, accusent une forte baisse. Des produits spécifiés de l'exportation, seuls le saindoux, les viandes congelées et en conserve, la laine, le riz, les pommes de terre, la farine de manioc, le tabac, le maté, le bois, le maïs et les huiles sont en progression.

La diminution des expéditions de quelques articles nouveaux d'exportation, comme le coton, le sucre, les haricots, les fruits oléagineux, le manganèse, la mauve sèche, fait que ces produits n'ont pas compensé, comme dans certaines périodes pendant la guerre, la réduction des sorties des principaux articles d'exportation.

Mais cette crise d'exportation qui va déjà en s'atténuant, ne va pas tarder à prendre fin et l'on peut prophétiser, sans crainte d'erreur, la reprise exceptionnellement active des affaires, les belligérants étant obligés, non seulement de renouveler leurs stocks épuisés, mais encore de constituer des stocks nouveaux.

Pour ne citer qu'un exemple frappant et que tout le monde est à même de constater, il y a pénurie de café en France, alors que des montagnes de sacs de café sont entreposées à Rio et Santos, attendant simplement leur transfert en Europe et ce n'est pas seulement de café et de caoutchouc, pour ne parler que de ces principaux produits, que l'Europe aura besoin, mais aussi de quantités d'autres produits naturels, végétaux et minéraux de toutes sortes, dont le sol brésilien est si prodigieusement riche.

Mieux, ce n'est plus le Brésil qui devra faire des efforts pour valoriser et trouver des débouchés nouveaux à sa production, ce sont les alliés, eux-mêmes, qui iront les acheter sur place et qui prendront les mesures nécessaires à leur transport rapide. Déjà, d'ailleurs, il est ainsi procédé.

Il est certain, que si nous avions à reparler d'ici quelques mois du commerce extérieur du Brésil, nous aurions la satisfaction d'enregistrer des chiffres, plus que doublés, de ceux que nous donnons aujourd'hui. Mais nous estimons qu'il est préférable d'examiner la situation d'un pays, dans les moments difficiles, on se rend ainsi mieux compte de sa vitalité et de sa capacité de résistance, que dans une période de prospérité inouïe, comme celle qui se prépare.

*
* *

Mettant fin, d'une façon radicale aux controverses qui existaient depuis sa création, M. Braz, décida la suppression de la Caisse de Conversion, émettant des notes du Trésor, en vue de racheter les billets de cette caisse, incinérés au fur et à mesure de leur rentrée. Les fonds métalliques déposés à la Caisse de Conversion en garantie de ces billets ont été transférés au compte des fonds de garantie du papier-monnaie. C'est le retour à la politique traditionnelle monétaire, avec reconstitution d'un fonds de garantie et de rachat réellement en or, les anciens fonds plus ou moins fictifs ayant été dissipés en liquidations. étant passés au service de la dette et en spéculation de change.

Le Président de l'Etat a inauguré une politique financière de réalisation pratique en constituant un vrai fonds de garantie du papier-monnaie avec l'or monnayé acquis à l'aide des billets de la Caisse de Conversion. Dans le même but, il décida d'acquérir, après en avoir prohibé l'exportation, la production d'or en barres des mines exploitées dans le pays, soit 12.000 contos, ce qui représente déjà £ 1.000.000. Le Brésil a donc mis en quelque sorte l'embargo sur tout l'or existant chez lui pour en empêcher l'exportation, l'employant à l'assainissement et à la consolidation de la circulation fiduciaire. En cela, il a imité toutes les puissance du monde, qui défendaient et organisaient leurs réserves d'or, toutes leurs ressources métalliques, pour garantir leurs émissions de billets de banque.

Une nouvelle ère monétaire s'ouvre donc pour le Brésil qui revient à la politique de Campos-Salles, interrompue par l'expérience de la Caisse de Conversion, tendant à la restauration d'une monnaie saine et garantie.

La Caisse de Conversion ne pouvait plus fonctionner; elle a été fermée pour empêcher l'émigration de l'or et elle ne servait plus qu'à immobiliser des valeurs retirées de la circulation. Son or rentrant dans les mains de l'Etat, va servir de fonds de garantie réelle, accrue continuellement, à la circulation fiduciaire. Le Gouvernement en restaurant le fonds de garantie du papier-monnaie et en supprimant de fait la Caisse de Conversion, créait la contre-partie nécessaire aux émissions de papier, défendait le change et préparait la consolidation pratique du système monétaire.

Mais les efforts de M. Braz, ne se sont pas bornés à ces mesures d'assainissement pour enrayer le fléchissement du change.

Les spéculateurs exploitant la faible balance commerciale, les traites d'exportation étant peu abondantes par suile de la paralysie du commerce extérieur due au manque de transport, les perspectives d'une faible récolte de café aidant, la baisse du milreis avait tendance à s'accentuer. C'est ainsi qu'on se livrait à une spéculation de revente du café entreposé à Rio et à Sao-Paulo, qui passait de mains en mains. Au lieu d'être exporté et de fournir des traites au marché, le café devenait la cause d'une demande artificielle de lettres de la part des acheteurs.

Bref, pour couper court à toutes les opérations spéculatives et illégitimes qui auraient pu précipiter la baisse du milreis, le Gouvernement décida de placer le change sous le contrôle de l'Etat et de n'autoriser que le transport de fonds dûment justifiés pour l'étranger.

En donnant au Gouvernement un contrôle complet sur les remises de fonds à l'étranger, ce décret l'armait des moyens nécessaires à la défense du pays et permettait de vérifier jusqu'à quel point la spéculation avait influé sur le taux du change.

Ce décret était excellent et ne devait pas tarder a produire ses effets bienfaisant, d'autant plus que l'Etat fédéral, ayant des disponibilités à l'étranger largement suffisantes pour satisfaire à tous ses payements, n'avait pas besoin d'échange. Aussi, la réaction légitime contre la baisse du milreis s'est-elle produite immédiatement et la demande de traites a diminué sensiblement.

*
* *

Nous terminons ce trop bref exposé de la situation financière brésilienne en donnant le budget du Brésil pour 1919, il s'établit comme suit :

Recettes or	95.021.034	Recettes papier	405.608.000
Dépenses or	80.369.206	Dépenses papier	476.641.194
Excédent or	14.651.828	Déficit papier	71.033.194

En convertissant l'excédent or et papier, au change de 13 1/2, on a 29 millions 302.413 milreis qui, déduits du déficit papier, le réduisent à 41 millions 730.781 milreis. Mais le Gouvernement compte sur l'exploitation intensive de la marine marchande, dont la seule partie affectée par la France, produira pour cet exercice 38.863.100 milreis or, somme largement suffisante pour élever et faire disparaître complètement ce déficit. Le budget est donc parfaitement équilibré.

C'est le dernier budget établi par M. Wenceslao Braz, dont le mandat vient d'expirer. Cet homme intègre, énergique et d'une capacité hors pair, qui avait pris les rênes du Gouvernement dans un moment très difficile, peut être largement satisfait de son œuvre et fier des services qu'il a rendus à son pays. Il quitte, en effet, le pouvoir, après avoir rétabli le service normal des intérêts de la Dette ; rempli les engagements de la nation ; liquidé un passé financier écrasant.

Il laisse un budget équilibré et un crédit fortifié qui permettront au Brésil de maintenir ses vieilles traditions d'honneur et d'honnêteté.

*
* *

C'est M. Rodriguez Alves, deux fois Président de Sao-Paulo et ayant déjà occupé le siège de la suprême magistrature, qui a été élu à l'unanimité des suffrages et sans opposition aucune, par le peuple brésilien, excessivement bien inspiré en l'occurence. Le successeur de M. Braz préside donc actuellement aux destinées du Brésil.

La situation exige encore de l'autorité et de l'expérience. M. Rodrigues Alves possède, dans la plus grande mesure, l'une et l'autre. En effet, il revient au pouvoir un peu dans les mêmes circonstances où il arriva la première fois en 1902. A cette époque, le pays sortait du premier funding, avec ses finances assainies et son crédit restauré. M. Alves ouvrit l'ère de la grande expansion économique, des travaux publics, auxquels malheureusement ses successeurs ne sûrent pas toujours imposer une limite prudente. A cet égard, le nouveau Président, nous est un sûr garant que la politique d'équilibre et d'équité qui s'impose aux pouvoirs de la Fédération sera judicieusement et prudemment appliquée. Entre les deux présidences, il n'y a pas eu de discontinuité. L'accord était entier entre l'administration qui finissait et celle qui lui succédait et les intrigues politiques ordinaires ne furent rien contre l'harmonie de vues qui existait entre ces deux grands hommes d'Etat.

M. Rodrigues Alves a fait ses preuves comme parlementaire et comme administrateur, il jouit, à très juste titre, au Brésil et même en Europe, d'une renommée considérable d'homme de grand talent et d'une grande activité.

Connaissant personnellement ce grand brésilien, nous ne serons pas suspecté de servilité, puisque nous n'avons rien à attendre de lui, en disant qu'il est l'homme public le plus en évidence et le plus en vue de son pays. D'une réserve calculée, d'ailleurs rachetée par la simplicité la plus démocratique et l'accueil le plus agréable, il possède une intelligence essentiellement pratique et d'une grande souplesse. Il a toujours fait preuve d'un flair politique des plus sûrs, c'est-à-dire qu'il excelle à trouver la solution exacte et heureuse répondant à la difficulté politique du moment.

Avec tout cela travailleur énergique autant que sagace et adroit, il révèle des qualités extraordinaires de bon sens, ce qui veut dire le sens positif des affaires publiques, la conception mesurée des nécessités du pays, la vision claire et réaliste de son avenir, avec juste ce qu'il faut de sentiment pour servir de levain à ses qualités. La mission qui vient de lui être dévolue, n'est pas beaucoup plus facile, que celle de son prédécesseur, mais elle sera certainement aussi féconde.

M. Rodrigues Alves prend en mains les rênes du char Gouvernemental, à un tournant difficile, marqué non seulement par l'essor de l'activité pacifique des entreprises de sa première période administrative, mais surtout par le développement fiévreux d'une production nationale intensifiée, pour remédier à la pénurie d'articles importés par l'étranger et pour satisfaire aux nombreuses demandes des alliés.

Cette lourde tâche n'est certes pas au-dessus des forces de ce redoutable lutteur, et l'on peut être assuré qu'il saura donner une impulsion nouvelle et vigoureuse à son pays, qui déjà est en pleine action.

* * *

Avant de clore ce chapitre sur les finances brésiliennes, nous voulons donner la nomenclature exacte de la commandite française au Brésil. N'en déplaise aux esprits chagrins, et ceux qui connaissent bien le Brésil, pour l'avoir étudié et visité, non en voyageurs distraits, mais en hommes d'affaires avertis, ne nous contrediront pas, lorque nous affirmerons qu'elle n'est nullement exagérée, pas plus que compromise.

La Commandite Française

Valeurs brésiliennes cotées en France

Fonds Publics	Valeur nominale
Brésil 4 1/2 1883	76.756.000
— 4 1/2 1888	112.916.000
— 4 0/0 1889	451.446.000
— 5 0/0 1898 (Fuuding Loan)	214.812.000
— 5 0/0 1908-1909	99.763.000
— 5 0/0 Port de Pernambuco	40.000.000
— 4 0/0 1910	99.500.000
— 4 0/0 1911	60.000.000
— 5 0/0 1895	186.050.000
— 5 0/0 1903	194.578.000
— 4 0/0 Rescission	265.258.000
Etat de Minas Geraes 5 0/0 1907	25.000.000
— 4 1/2 1910	120.000.000
— 4 1/2 1911	50.000.000
Etat de Sao-Paulo 5 0/0 1905	91.000.000
— 5 0/0 1907	50.000.000
— 5 0/0 1908	125.000.000
— Bons du Trésor 1913	62.500.000
Ville de Bahia 5 0/0 1905	24.000.000
Ville de Bahia 5 0/0 1912	27.500.000
Etat de Bahia 5 0/0 1888	20.000.000
— 5 0/0 1910	45.000.000
Etat d'Espirito-Santo 5 0/0 1894	10.189.000
— 5 0/0 1908	29.500.000
Etat de Maranaho 5 0/0 1910	20.000.000
— Para 5 0/0	33.481.000
— Para 5 0/0 1906	15.034.750
Etat de Parana 5 0/0 1905	16.750.000

— 5 0/0 1913	35.000.000
Etat de Pernambuco 5 0/0 1905	22.798.100
— 5 0/0 1909	36.880.000
Etat de Rio Grande do Norte 5 0/0 1910	8.750.000
Etat de Santa-Catharina 5 0/0 1909	5.292.000
Etat d'Alagoas 5 0/0 1906	6.800.000
— du Ceara 5 0/0	

Nous avons tenu à donner cette nomenclature des Emprunts d'Etats et Villes brésiliennes, parcequ'elle sert ordinairement de base aux détracteurs du crédit brésilien, pour appuyer leurs critiques et en tirer des arguments tendancieux. Or, elle est inexacte, c'est-à-dire que la totalité de ces chiffres ne représente pas du tout la somme d'argent liquide que la France a prêtée au Brésil et à ses Etats, encore moins la valeur de sa créance actuelle. En effet, certains de ces emprunts n'ont été placés au public qu'en partie et presque tous sont en outre entrés depuis longtemps dans la période d'amortissement; d'autres Etats, enfin, n'ont émis un second emprunt que pour amortir le premier, consolidant et unifiant progressivement leur dette.

Chemins de fer, Ports, Foncières, Immobilières, Banques, Divers

Désignation des titres			Valeur nominale
4 1/2 0/0 Brazil-Railway (série int.)			250.000.000
4 1/2 0/0	—	(série Française)	86.000.000
6 0/0	—	Bons	105.000.000
	—	Actions privilégiées	77.700.000
	—	Actions ordinaires	155.400.000
5 0/0 Compagnie de Sao-Paulo Rio Grande			239 036.000
— Chemin de fer du Nord de Sao-Paulo			30.000.000

—	Compagnie du chemin de fer de Victoria à Minas	19.839.000
	— —	29.868.000
	— (Curralinha à Diamantina)	14.990.000
5 0/0	Sud du Brésil	12.500.000
—	—	7.500.000
—	Comp. du chemins de fer de Dourado	30.000.000
—	Comp. du chemin de fer Nord du Brésil	12.500.000
—	— — —	12.500.000
—	Comp. du chemin de fer de Goyaz	25.090.000
—	Chemin de fer Nord du Parana	4.500.000
—	Comp. auxiliaire des ch. de fer au Brésil	25.000.000
—	Comp. de ch. de fer Nord-Ouest du Brésil	20.000.000
—	— — —	20.000.000
—	Comp. des ch. de fer Fédéraux Brésiliens	50.000.000
—	Chemin de fer Sud-Ouest de Bahia	6.287.500
—	Sao-Paulo à Minas	7.042.000
—	Rio-Janeiro Tramway Ligth and Power	34.000.000
—	Brazilian-Traction action	50.000.000
—	Port de Rio Grande do Sul	109.000.000
—	Port de Rio de Janeiro	12.500.000
—	Port de Para	34.250.000
—	—	85.000.000
—	— Actions privilégiées	38.625.000
—	— Actions ordinaires	51.500.000
—	Crédit Foncier et Agricole de Minas-Geraes	20.000.000
—	Banque Hypothécaire d'Espirito-Santo	40.000.000
—	Crédit Foncier du Brésil	68.576.500
—	Crédit Hypothécaire et Agricole de Sao-Paulo	40.000.000
—	Caisse Générale de Prêts Fonciers et Industriels	25.000.000

—	City of Sao-Paulo	30.000.000
—	Municipality of Para	10.000.000
—	Société Immobilière et d'assainissement de Rio de Janeiro	7.500.000
—	Para Marajo actions	3.125.000
—	Compagnie Générale de Pernambuco	5.814.000
—	Compagnie Générale de Rio de Janeiro	12.000.000
—	De Mello Brazilian Rubber	10.125.000
—	Société des sucreries brésiliennes	550.000
—	Sociedade Editora do Brasil (actions)	1.100.000
—	Société Minière Franco-Brésilienne	6.900.000

A première vue, cette commandite paraît assez importante, mais il n'y a pas lieu de s'en effrayer. Nous avons énuméré au premier chapitre de cet ouvrage, les motifs qui avaient amené certaines défaillances, les remèdes employés, et les perspectives d'avenir des sociétés qui y avaient leur siège d'exploitation.

Nous avons noté également le mouvement de reprise qui commençait à se dessiner et qui ne tarderait pas à prendre plus d'ampleur. Nous n'y reviendrons donc pas.

Naturellement parmi cette longue liste de sociétés, il y a des affaires qui ne reposent sur aucun fondement et qui ne sont pas viables, d'autres qui ne sont que de vulgaires escroqueries, n'existant que sur le papier, d'autres enfin dont l'avenir est nul ou incertain et que guette tôt ou tard la liquidation annuelle ou judiciaire. C'était, d'ailleurs, inévitable.

Lorsqu'il se produit en Bourse un engouement irraisonné sur tel ou tel compartiment de la cote ou un boum sur telle ou telle valeur, des financiers à l'affût des bons coups à faire ne manquent pas ; on constitue immédiatement une société portant une étiquette semblable en on place ces vignettes aux capitalistes assez bénévoles pour ne pas s'entourer de renseignements et de conseils avisés.

Pratiqué sur une plus vaste échelle, c'est exactement ce qui s'est passé pour les affaires brésiliennes. Ouvrant ici une parenthèse nous nous permettrons de donner un conseil à nos lecteurs, qu'ils en fassent leur profit, car il est bon. Avant de s'intéresser à une quelconque affaire, il faut toujours tenir compte du patronage de la société, c'est là un point essentiel.

Malheureusement, ces pratiques qui frisent l'escroquerie, ont fait beaucoup de tort aux affaires sérieuses qui fonctionnent au Brésil, et ont donné prise à la critique, qui ne s'est pas fait faute d'amorcer une campagne absurde, maladroite et souverainement imprudente pour la commandite française qui, au bout du compte, était en jeu.

Faute de documentation cette campagne a pris fin d'elle-même, mais il importe, dans l'intérêt du Brésil et des capitaux eux-mêmes, que cette agitation artificielle est de mauvais aloi, dont les gens de bonne foi et bien intentionnés ne doivent pas faire le jeu sous peine de desservir la cause même qu'ils croient défendre, ne se renouvelle plus.

Toutes les difficultés pendantes, entre le Brésil et les sociétés sérieuses sont applanies aujourd'hui, le reste passera et les affaires basées sur une solide conception technique et assurées de l'appui résolu de la Haute Banque peuvent envisager l'avenir avec tranquillité. Tout ceux qui ont le souci positif des intérêts français engagés, doivent le souhaiter. Ils peuvent avoir la certitude d'ailleurs, qu'il se réalisera.

Déjà les recettes de chemins de fer, en hausse constante

depuis 1915, atteignent et dépassent pour certaines compagnies, le niveau de 1913. Le Brésil connaîtra bientôt une phase de pleine expansion économique, pendant laquelle les sociétés sérieuses trouveront facilement la solution définitive de leurs problèmes financiers qui se sont présentés, à un certain moment, pour quelques-unes, comme si ardus à résoudre.

Compagnies	Périodes	Recettes en milreis ou en livres sterling	Recettes totales
—	—	—	—
Brazil Gt. South...	Août M	38.330 + 2.080	325.937 + 43.467
Brazil Railway...	Nov. M	4.476.000 + 664.379	45.353.000 + 5.228.971
Gt. W. Brazil....	4e sem. Janv. £	21.300 + 6.200	79.000 + 19.100
Leopoldina......	id £	37.156 + 11.323	141.451 + 53.576
Mogyana........	Nov. M	2.242.000 + 222.440	21.669.000 + 247.712
Paulista.........	id. M	3.506.000 + 589.750	30.654.000 + 1.436.138
Sao Paulo......	4e Sem. Janv. £	37.726 + 14.315	144.183 + 43.309
Sorocabana.....	Nov. M	1.998.000 + 108.949	18.981.000 + 1.844.154
S. of Bahia S. W.	Déc. M	102.000 — 38.000	1.123.000 — 104.000

CHAPITRE III

Le Commerce
Exportation — Importation
Relèvement économique — L'essor de la production

Toute l'activité économique des Etats-Unis du Brésil se reflète dans les chiffres de son commerce extérieur, qui donne la vraie mesure de sa prospérité. C'est au développement de ce mouvement commercial que concourent toutes les forces vitales du pays, ses voies fluviales, ses voies ferrées, ses centres d'affaires, qui ne vivent que par les échanges internationaux. Pour qu'on puisse se rendre exactement compte du rôle appelé à jouer par le Brésil parmi les grands marchés du monde, nous allons donner le résumé analytique du commerce extérieur pendant les cinq dernières années qui précédèrent immédiatement l'ouverture des hostilités, y compris l'année 1914. C'est le seul moyen, strictement impartial, nous semble-t-il, d'apprécier la puissance d'achat et de vente du pays, que de ne pas tenir compte de la période troublée due à la guerre et qui a faussé naturellement la balance commerciale de tous les pays. Cependant nous examinerons ensuite, très brièvement le mouvement des échanges, pendant ces quatre années terribles ; il se dégage de cette étude une puissante impression de réconfort, qui montre les efforts accomplis par le Brésil, pour tirer parti des nombreuses richesses de son sol et sous-sol, inexploitées jusqu'alors et surtout les résultats prodigieux qu'on peut attendre de leur exploitation rationnelle si, comme tout l'indique, on persévère dans cette voie. Mais n'anticipons pas.

Considéré sous son aspect le plus général, le commerce brésilien peut se résumer ainsi : exportation de matières premières, importations d'articles manufacturés. C'est à dessein que nous mentionnons d'abord l'exportation, car c'est elle qui règle la puissance de consommation du pays. Il n'y a pas au Brésil de réserves considérables de capitaux, à proprement parler, qui permettent de maintenir la faculté d'achat bien au-delà de ce que peut produire la vente de la récolte comme mouvement de fonds.

Cette situation ne se traduit pas expressément par des chiffres, car on peut constater qu'il est arrivé souvent que le montant des importations dépassait de beaucoup celui des exportations. Dans les périodes normales, il faut en effet tenir compte d'un autre facteur, le crédit extérieur qui permet au pays de forcer son pouvoir d'achat au-delà de ses ressources directes.

Par contre, lorsqu'une crise se produit, les importations fléchissent généralement dans le même sens que les exportations, le pays ne pouvant plus compenser par le crédit ou combler par des emprunts, le solde défavorable de sa balance commerciale.

Naturellement, il est évident que le commerce d'exportation du Brésil a été atteint par la situation exceptionnelle créée par la guerre, les pays européens qui étaient ses plus forts clients, ayant consacré presque toutes leurs ressources à l'achat de matériel de guerre et vécu le plus possible sur les stocks qu'ils possédaient en marchandises et qui n'étaient pas d'une utilité immédiate pour l'approvisionnement des armées. Vendant moins, il s'est empressé suivant la logique, de restreindre ses achats. Mais aujourd'hui que l'Europe a des vides énormes à combler, des dommages inouïs à réparer, comment présumer, même approximativement, quel sera le nouvel essor que vont prendre les échanges commerciaux entre le Brésil et les pays qui ont participé à la grande guerre ? Nous pourrons sans doute nous en faire une idée en examinant les statistiques de ces échanges au cours des dernières années qui ont précédé le bouleversement général.

Le mouvement global du commerce extérieur du Brésil, en 1912, dernière année normale, s'est élevé à la somme de 2.071.106 contos papier, la plus importante que relatent les statistiques. Jusqu'à cette époque, le mouvement ascensionnel ne s'était jamais ralenti. Le marché allemand et autrichien lui ayant fait défaut, les autres marchés ayant considérablement réduit leurs achats, le chiffre global de 1914 n'a été que de 1.311.614 contos papier.

Les chiffres ci-dessous, qui indiquent le montant des exportations brésiliennes sont d'une éloquence qui dispense de tout autre commentaire.

Valeur Globale

Importation & Exportation

Années	Contos-papier		Augmentation
1910	1.653.276	+	10,0
1911	1.797.641	+	7,8
1912	2.071.106	+	15,4
1913	1.980.226		
1914	1.311.614		

Un simple coup d'œil sur ce tableau permet de se rendre compte des effets que l'année de crise et de guerre de 1914, a produit sur le mouvement commercial brésilien. De 1910 à 1914, le commerce général du Brésil atteignait une moyenne annuelle de 1.875.560 contos papier et il s'est abaissé en 1914 à 1.311.614, soit une diminution de 290 0/0, alors que la seule année de 1912, présentait une augmentation de 15,4 0/0.

Exportation totale des Marchandises Brésiliennes de 1910 à 1914

Années	Contos papier	Augmentation
1910	939.413	1,0
1911	1.003.935	5,9
1912	1.119.737	11,7
1913	972.731	
1914	750.404	

La moyenne des exportations de 1910 à 1914, a donc été de 1.008.950 contos.

En 1914, après cinq mois de guerre, les chiffres se sont abaissés à 750.404, soit une diminution de 390 0/0.

Le café et le caoutchouc sont les produits qui ont le plus contribué au résultat indiqué ci-dessus. En dehors de ces denrées, six produits seulement ont fourni un appoint convenable, ce sont : le cacao, le coton, le sucre, le tabac, les cuirs, le maté.

Pour se soustraire aux effets fâcheux de la crise, le Brésil a fait des efforts, depuis quelque temps, pour améliorer cette situation paradoxale, en développant avec profit la production de ces dernières denrées et de quelques autres articles nouveaux, qui figurent désormais avantageusement à la statistique de l'exportation.

Quoiqu'il en soit, l'exportation des principaux articles de production brésilienne se présente ainsi :

Exportation du café

Années	Sacs	Valeur en Contos	Prix par sac
1910	9·724.000	385.493	39 Milreis
1911	11 258.000	606.529	53 —
1912	12.080.000	698.371	57 —
1913	13.267.000	611.670	46 —
1914	11.271.000	439.736	39 —

D'après ces chiffres, l'exportation du café a diminué de près de 2 millions de sacs en 1914 par rapport à 1913, tandis que la valeuı s'abaissait d'une année à l'autre de 171.934 contos. On connaît actuellement la valorisation extraordinaire de ce produit et la pénurie de cette denrée, qui se manifeste aujourd'hui en Europe.

Exportation du caoutchouc

Années	Tonnes	Valeur en Tonnes	Prix moyen par kilo
1910	38.547	376.972	9 Milreis
1911	36.507	227.395	6 —
1912	42.286	241.425	5 —
1913	36.232	155.631	4 —
1914	32.468	113.334	3 —

Les motifs qui ont amené la baisse des prix et la diminution de la quantité exportée sont dus au développement intensif des plantations de l'arbre gommifère (1) et à la

(1) Lire *L'Industrie extractive du Caoutchouc*. En vente au bureau du Journal. Prix : 2 fr.

surproduction, qui en a été la résultante immédiate. Depuis, une amélioration très sensible s'est déjà manifestée, par suite de la consommation énorme de cet article pendant la guerre.

Exportation du cacao

Années	Tonnes	Valeur en Contos	Prix par kilo
1910	29.138	20.679	709 Reis
1911	34.994	24.668	705 —
1912	30.492	22.966	553 —
1913	29.759	23.944	803 —
1914	40.767	30.643	752 —

L'exportation du cacao s'est élevée à 30.643 contos en augmentation sur l'année précédente de 6.699. La quantité exportée a été de 40.767.000 kilos, soit 11.008.000 kilos de plus qu'en 1913. On voit que la production de cet article a pris un développement sérieux, malgré la concurrence des autres pays, et les prix se sont bien maintenus.

Exportation des cuirs

Années	Tonnes	Valeur en Contos	Prix par kilo
1910	34.059	26.142	768 Reis
1911	31.832	27.015	849 —
1912	36.255	30.177	832 —
1913	35.075	33.390	952 —
1914	31.442	28.455	905 —

L'exportation consiste en cuirs salés, secs et tannés et en cuirs de cheval, mais ces deux dernières qualités en quantité peu importante. C'est un article de première nécessité, qui commence à se faire rare en Europe et son commerce est appelé à prendre un développement considérable.

Exportation du Maté

Années	Tonnes	Valeur en Livres
1910	59.360	691.996
1911	61.834	647.564
1912	62.880	758.168
1913	65.331	770.874
1914	64.428	762.245

L'exportation de ce produit est surtout dirigée vers les autres pays de l'Amérique du Sud, grands consommateurs de la Herba-Maté. Cette plante peu connue en Europe, sert à préparer un thé aromatique, qui est un puissant stimulant, très stomachique.

Exportation du Tabac

Années	Tonnes	Valeur en Contos	Prix par kilo
1910	34 149	24.931	717 Reis
1911	18.989	14.535	786 —
1912	24.706	21.516	871 —
1913	29.388	24.570	836 —
1914	26.980	23.585	874 —

Ports de provenance	Tonnes	Pays de destination	Tonnes
Bahia	24.101	Allemagne	19.236
Rio de Janeiro	318	Argentine	4.796
Itapahy	101	Uruguay	386
S. Francisco	79	Portugal	118
Rio-Grande	38	Autriche	83
Porto-Alègre	4	Grande-Bretagne	55
Belem do Para	1	Belgique	20

C'est à dessein que nous donnons ici la nomenclature des pays de destination de cet article de grand consommation, dont le Brésil est un des plus gros producteurs. Sa récolte du tabac en feuilles est évaluée en effet à 75.285.000 livres, ce qui le classe au sixième rang des pays cultivant cette plante. On voit par les statistiques que nous donnons ci-dessus que la France n'achète peu ou prou cet article au Brésil, alors qu'elle se présente sur les marchés comme un acheteur sérieux. Nous expliquerons cette anomalie au dernier chapitre de cet opuscule.

Exportation du Coton

Années	Tonnes	Valeur en Contos	Prix par kilo
1910	11.160	13.455	2.100 Reis
1911	14.646	14.704	1.004 —
1912	16.763	15 460	928 —
1913	37.424	34.614	905 —
1914	30.434	28.247	935 —

La diminution constatée en 1914 doit être attribuée uniquement à la désorganisation des services de la navigation et à la paralysie de l'exportalion pour l'Allemagne. C'est en effet un article de grande consommation et d'un écoulement certain.

Exportation du Sucre

Années	Tonnes	Valeur en Contos	Prix moyen
1910	58.824	10.605	180 —
1911	36.208	6.132	160 —
1912	4.772	841	178 —
1913	5.367	972	181 —
1914	31.850	6.726	212 —

Comme on peut le voir par les chiffres ci-dessus, l'exportation de ce produit présente de grandes irrégularités, et ce fait est une conséquence de l'accord existant entre les principaux producteurs d'établir des prix plus élevés pour les sucres offerts à la consommation intérieure en exportant seulement à bas prix les sucres d'une qualité pouvant contribuer à faire baisser les cours établis sur les marchés nationaux brésiliens.

Lorsque la production est faible, elle est placée presque toute sur les marchés intérieurs, à bons prix, et on n'en exporte qu'une petite quantité.

L'exportation consiste en sucre mascavo, demérara et blanc, mais seules ont de l'importance les deux premières qualités, qui représentent respectivement les 53 et 46 0/0 de l'exportation totale.

* * *

L'exportation des fruits et végétaux alimentaires est encore insignifiante. Elle consiste en noix du Para, bananes, oranges, noix de coco, mandarines et quelques autres fruits de peu de valeur. Ceux qui s'exportent le plus sont les trois premiers.

L'exportation de fruits, en général, atteint 8.916 contos papier, présentant une augmentation sur l'année précédente, provenant uniquement des noix du Para.

Exportation des Bois

Quoique le Brésil possède les plus vastes forêts que l'on puisse imaginer, son exportation de bois, qui devait figurer pour une somme importante, est encore bien minime, si l'on veut bien tenir compte surtout des besoins toujours croissants de l'Europe, dont les plus belles forêts ont été, ou détruites, ou exploitées d'une manière intensive pendant la guerre. Nous sortirions de notre cadre en examinant les nombreux débouchés qui s'offrent à ce commerce; mais il nous suffira de dire que toutes les espèces arborifères existent au Brésil, pour démontrer que l'exploitation intensive de ce produit s'impose comme une nécessité absolue, si on veut remédier rapidement et d'une façon radicale, à la crise de l'ameublement, à la crise du papier, et en général à la demande de prix exhorbitants pour les bois d'ébénisterie, de menuiserie et de charpente.

On exporte du palissandre, du pin, du massarandula, du cèdre, du sébastiao de arruda, de l'acajou, du pâo Brazsl, etc. L'exportation la plus importante est celle du palissandre, dont le Brésil est le principal fournisseur pour les marchés du monde. Voici, d'ailleurs, les chiffres d'exportation de ce bois :

Ports expéditeurs	Camp de destination	Kilos	Valeur en Milreis
Rio-de-Janeiro	France	937.185	166:433
Bahia	Etats-Unis	858.854	114:818
Victoria	Allemagne	507.093	86:293
—	Angleterre	274.296	35:933
—	Hollande	39.000	6:630
—	Portugal	36.000	6:120
—	Belgique	27.602	4:692

L'exportation de bois en général s'est élevée à 1.611.337 $ papier.

L'exportation d'or natif a été de 4.026.775 grammes, ayant la valeur de 3.875:291 $ or. Celle des sables monazitiques, qui a été de 3 millions de kilos environ, a une tendance à diminuer assez fortement par suite de l'expiration de quelques contrats pour l'exploitation des sables.

Exportation de la cire de Carnauba

L'exportation de la cire de Carnauba a été de 3.099.102 kilos, valant 5.450 contos papier. Nous dirons très rapidement quelques mots de ce produit, relativement nouveau pour l'Européen, dont le commerce est appelé à prendre une extension de plus en plus importante.

Il n'est peut être pas d'arbre au monde d'une aussi grande utilité que le carnaubeira. Ce palmier reste toujours vert, même pendant la période des plus grandes sécheresses. Il croît spontanément dans les Etats de Maranhao, Ceara, Rio-Grande do Norte, Piauhy, Parohyba, Pernambuco et Bahia, mais on peut le cultiver dans presque tout le Brésil.

Le carnaubeira est un arbre qui peut atteindre 16 mètres de hauteur et un diamètre de 30 à 50 centimètres. Toutes les parties de cet arbre ont une valeur. Ses racines ont des propriétés dépuratives ; son stipe, d'une grande solidité, est employé pour la construction des cabanes auxquelles ses feuilles servent de couverture ; de sa moelle on extrait une fécule nutritive qui contient de la glucose et qui donne, par la fermentation, une boisson de saveur agréable, son chou palmiste est excellent ; ses fruits servent à l'alimentation de l'homme et du bétail ; ses graines sont oléagineuses. Mais la principale utilité du carnaubeira réside dans ses feuilles, dont on extrait d'excellentes fibres servant à fabriquer des nattes, des hamacs, des chapeaux et qui donnent, surtout la précieuse cire dénommée carnauba, produit de haute valeur qui fait l'objet déjà, d'un commerce assez important.

Les jeunes feuilles du carnaubeira ont leur surface inférieure revêtue d'une couche de matière pulvérulente qui n'est autre chose que de la cire ; pour recueillir celle-ci, il suffit de couper les feuilles, de les sécher à l'ombre et de les battre ensuite.

Chaque arbre fournit en moyenne, par an, 100 feuilles produisant environ 1.800 grammes de cire. Dans de bonnes conditions de terrain, la production de chaque palmier peut atteindre 6 kilogrammes de cire.

La cire de Carnauba a une certaine ressemblance avec la cire d'abeille et elle est susceptible à peu près des mêmes applications. On en fabrique des bougies et l'on s'en sert aussi pour cirer les meubles et les parquets ; mélangée avec 3/4 de son poids d'acide azotique et chauffée, elle produit de l'acide picrique, dont on connaît les applications ; elle est employée maintenant dans la fabrication des lampes électriques à incandescence.

En dehors des articles ci-dessus, peu d'autres figurent dans l'exportation pour une valeur qui mérite de retenir l'attention. Cependant mentionnons encore : l'huile de baleine, les cornes, les langues sèches et salées, l'huile de copahyba, l'ipécacuanha, les légumes, la piassava, les résidus de coton et les graines de coton, ainsi que la cire animale, les cendres d'os, le crin animal, la glycérine, les plumes, les pierres précieuses et communes, les baies de ricin, les cigares et les cigarettes, les sucreries, les farines, le tapioca.

Exportation d'espèces métalliques

L'exportation d'espèces métalliques et de billets de banque étrangers, consiste presque exclusivement en monnaie d'or. L'or monnayé s'envoie surtout en Argentine, en Grande-Bretagne et en Uruguay.

Pendant la période de 1914, il a été exporté, en espèces,

8.257.000 £ et en 1913 £ 6.061.000. Pendant les mêmes périodes, il a été reçu respectivement, £ 852.000 et £ 1.248.000. Le total net exporté pendant les deux années a été de £ 12.218.000.

Nous donnons ci-dessous les chiffres de 1910 à 1914

Années	Contos de reis papier
1910	32.509
1911	36.421
1912	22.079
1913	90.911
1914	126.462

Mouvement de l'exportation par Etat

Etats	Milreis papier
S. Paulo	530.135:051 $
Rio de Janeiro	158.918:719 »
Amazone	118.196:060 »
Para	116.112:152 »
Bahia	67.772:535 »
Parana	28.452:421 »
Espirito-Santo	24.106:573 »
Rio-Grande do Sul	21.951:561 »
Pernambuco	13.893:221 »
Ceara	10.928:404 »
Parahyba	7.994:974 »
Maranhao	6.539:564 »
Alagoas	3.902:349 »
Rio-Grande do Norte	3.896:702 »
Matto-Grosso	3.606:763 »
Santa-Catharina	3.235:755 »
Sergipe	121:421 »

Bien que ce ne soit pas une règle intangible, le mouvement d'exportation de ces Etats peut servir de critérium pour apprécier leurs ressources et partant leur capacité financière, c'est-à-dire la solidité de leur crédit.

Le premier rang appartient à l'Etat de Sao-Paulo. Il figure, sur la liste d'exportation de cet Etat 73 sortes de marchandises diverses, mais le café seul à de l'importance, représentant les 99 0/0 de la valeur totale de l'exportation, avec les fruits et le son.

Vient ensuite le port de Rio-de-Janeiro, dont l'exportation est en augmentation constante. Il a été exporté par ce port 132 espèces de marchandises diverses, dont les plus importantes sont : le café, qui représente les 86 0/0 de la valeur totale de l'exportation de ce port ; les cuirs, les végétaux comestibles, l'or natif et le manganèse.

La valeur de l'exportation de l'Etat de l'Amazone a tendance à diminuer. Cette diminution provient de la baisse du prix du caoutchouc, dont la valeur représente les 96 0/0 de la valeur totale de l'exportation de cet Etat. 35 autres espèces de marchandises de peu de valeur concourent également à son trafic.

Pour les mêmes motifs, le Para a vu son exportation diminuer également, le caoutchouc représentant 95 0/0 de la valeur totale de son trafic. L'exportation consiste en 78 sortes de marchandises, parmi lesquelles seuls, après le caoutchouc déjà cité, le cacao et les noix du Brésil ont de l'importance.

L'exportation de l'Etat de Bahia, dont le volume augmente régulièrement, porte sur un plus grand nombre de produits. Il a été exporté 86 espèces de marchandises diverses, dont les plus importantes sont : le tabac, le cacao, le café, le caoutchouc, les cuirs, les peaux, la piassava, les sables monazitiques et les pierres précieuses.

L'Etat du Parana exporte principalement le maté, dont la valeur représente les 86 0/0 de la valeur totale de l'exportation, mais l'exploitation des bois et des fruits qui se poursuit actuellement sur une grande échelle, ne tardera pas à prendre une place prépondérante dans le volume de l'exportation, déjà en augmentation sérieuse.

Le café a contribué pour 95 0/0 à la valeur de l'exportation totale de l'Etat d'Espirito Santo; suivent les bois et les sables monazitiques.

Rio Grande do Sul exporte environ 90 espèces de marchandises diverses, dont les plus importantes sont : les cuirs, la laine, le maté, les langues sèches et salées. Son trafic se développe normalement.

L'Etat de Pernambuco est un des plus gros exportateurs de sucre; la valeur de l'exportation diminue donc lorsque la récolte de ce produit est faible ou vice versa, si c'est le contraire qui se manifeste. En outre, 67 espèces de marchandises figurent à la statistique des exportations, dont les principales sont : le coton, les peaux, le café, la graine de coton, la cire de carnauba, le caoutchouc.

L'Etat du Céara souffre parfois de longues sécheresses qui influent sur son commerce d'exportation. Les principales marchandises exportées sont : les peaux, les cuirs, le caoutchouc, la cire, le coton.

L'exportation du Maranhao a été plus faible que l'année précédente. La diminution principale a porté sur le caoutchouc et le coton, ces produits constituant, avec les cuirs et la cire de carnauba, les principales marchandises exportées d'ordinaire par cet Etat.

L'État de Parahyba, ayant donné une grande extension

à la culture du cotonnier, dont la récolte a plus que doublé, son exportation a pris un développement relativement considérable. Outre le coton, on exporte aussi, des peaux, des graines de coton et des résidus de graines de coton.

Par contre l'Etat d'Alagoas et celui de Rio Grande do Norte constatent une légère diminution de leurs exportations, qui consistent principalement en : peaux, cuirs, sucre, coton, graines de coton.

De même une diminution assez sensible est enregistrée par l'Etat de Matto-Grosso sur ses exportations, qui sont presqu'exclusivement constituées par les cuirs et le caoutchouc.

Les principales marchandises exportées par l'Etat de Santa-Catharina sont : le maté, les cuirs, les fruits, le café et la farine de manioc.

Bien qu'en augmentation, l'exportation de l'Etat de Sergipe est insignifiante.

Il est à remarquer que le résumé analytique, que nous venons de faire très succintement, ne concerne guère que le commerce extérieur proprement dit. Mais, outre ce commerce, les Etats brésiliens font entre eux un commerce considérable, à tel point que les échanges de quelques-uns vont jusqu'à dépasser l'importance du commerce de ces mêmes Etats avec les pays étrangers.

Il faut noter encore que des Etats, comme ceux de Minas-Geraes, de Goyaz et de Piauby, ne disposant pas de ports accessibles à la navigation de grand tonnage, doivent faire leurs exportations par les ports d'autres Etats. C'est pour cette raison que les Etats en question ne figurent pas dans les tableaux du commerce extérieur de cette statistique.

Voyons maintenant le mouvement de l'exportation par les principaux pays de destination, en 1914.

Exportations par pays de destination

	Désignation des Pays	Valeur en francs		Pourcentage
1	Etats-Unis	478.326.349	0/0	42,0
2	Grande-Bretagne	169.804.171	»	15,0
3	Allemagne	116.711.585	»	10,2
4	France	96.392.614	»	8,5
5	Hollande	67.800.173	»	6,0
6	Autriche-Hongrie	25.559.870	»	2,2
7	Argentine	55.375 178	»	4,9
8	Belgique	18.735.354	»	1,7
9	Uruguay	20.246.540	»	1,8
10	Italie	35.067.611	»	3,1
11	Suède	26.893.400	»	2,4
12	Possessions Britanniques	8.044.930	»	0,7
13	Espagne	6.667.848	»	0,6
14	Portugal	10.470.960	»	0,9
15	Chili	2.730.126	»	0,2

L'exportation pour les Etats-Unis, qui représente les 42 0/0 de la valeur totale exportée en 1914, a augmenté, comparativement à celle de 1913, de 9 0/0 environ. Les principales marchandises exportées sont : le café, le caoutchouc, les peaux, le cacao, les noix du Para, les cuirs.

L'exportation pour la Grande-Bretagne, correspondant aux 15 0/0 de la valeur totale, a augmenté légèrement comparativement à l'année précédente, mais est de 8 0/0 moindre que celle de 1910. Cette diminution a porté principalement sur le caoutchouc, qui est le produit le plus exporté par le Brésil dans ce pays et qui figure dans la proportion de 65,2 0/0 — le coton, le café, l'or natif, le cacao, les graines de coton venant ensuite.

L'exportation pour l'Allemagne correspond aux 10,2 0/0 de la valeur totale.

Le café y figurait pour 66,1 0/0. Venaient ensuite d'autres produits ayant aussi une certaine valeur, comme : le tabac, les cuirs, le caoutchouc, le cacao, les végétaux comestibles, la cire de carnauba et beaucoup d'autres de moindre importance. L'Allemagne était le pays pour lequel le Brésil exportait le plus de ces produits.

La France, qui peut passer à juste titre pour le banquier du Brésil, ne vient qu'au quatrième rang sur la liste de ses principaux acheteurs. Espérons que cette situation anormale, qui déjà est en voie d'amélioration, va bientôt changer, car nous avons le plus grand intérêt au developpement du Brésil, il serait donc naturel que nous lui facilitions l'écoulement de ses produits. Les principaux produits exportés en France ont été en 1914 : le café, caoutchouc, cuirs, cacao et peaux. Comparativement à la diversité des produits brésiliens, c'est bien peu, et l'on voit de suite, combien il y aurait à faire pour activer le mouvement des échanges entre les deux pays.

L'exportation pour la Hollande et pour l'Autriche-Hongrie, qui consistait presqu'exclusivement en café, a diminué légèrement en 1914.

L'exportation par l'Argentine correspond aux 4,9 0/0 de la valeur totale en augmentation régulière et assez sensible. Le maté y figure pour les 50,8 0/0, le café suit pour les 40,1 0/0, après quoi viennent les fruits et divers autres produits de menue valeur.

L'exportation pour la Belgique consiste principalement en café, qui y figure pour 78,2 0/0 ; les cuirs, les peaux, le caoutchouc et les végétaux comestibles venant ensuite.

Le café est l'unique produit digne d'être mentionné dans les exportations effectuées pour l'Italie et la Suède, puisqu'il représente respectivement les 93,4 0/0 pour la première et les 98,5 0/0 pour la seconde de la valeur de l'exportation du Brésil vers ces deux pays.

Dès le début des hostilités, le Brésil a vu ses rapports commerciaux cesser avec les quatre pays suivants : Allemagne, Belgique, Autriche, Russie.

Le tableau ci-après montre la diminution du commerce avec ces pays pendant les cinq mois de guerre de l'année 1914.

Pays	Exportation du Brésil Août à Décembre	
	1913	1914
Allemagne	5 935.000 £	451.000 £
Autriche-Hongrie	461.000	36.000
Belgique	1.608.000	72.000
Russie	41.000	7.000
Total	8.045.000	566.000

L'éloquence de ces chiffres, nous dispense de tout commentaire.

Importation

La valeur de l'importation qui avait augmenté d'une façon extraordinaire en 1913, s'est abaissée brusquement à 661.853 contos papier en 1914. Pour retrouver un niveau aussi bas du chiffre de l'importation, il faudrait rémonter a une période antérieure à 1908.

Cet affaissement de la valeur de l'importation est due à la diminution considérable du pouvoir d'achat du pays, la population faisait de salutaires économies, mais aussi et surtout, à la cession de toutes relations avec les pays dénombrés ci-dessous et qui effectuaient des échanges considérables avec le Brésil.

	Exportation pour le Brésil Août à Décembre 1913	1914
Allemagne	4.680.000 £	1.000 £
Autriche-Hongrie	1.983.000	140.000
Belgique	961.000	4.000
Russie	300.000	1.000
Total	7.654.000	146.000

Importation totale de 1910 à 1914

Années	Valeur contos papier
1910	713.863
1911	793.716
1912	951.369
1913	1.007.495
1914	561.853

L'importation, qui pendant le premier semestre de 1914 était déjà descendue à 66 0/0 de ce qu'elle avait été pendant la même période de l'année précédente, s'est trouvée réduite pendant le deuxième semestre à 32 0/0.

Cette diminution de l'importation était surtout fâcheuse, à cause de sa répercussion sur la situation financière du pays, les taxes douanières, représentant 66 0/0 des recettes budgétaires.

Si nous examinons la moyenne des importations, qui de 1910 à 1914, avait été de 866.610 contos papier, nous constatons une diminution de 26 0/0. Il est naturel d'ailleurs que les importations de marchandises étrangères aient suivi le même mouvement que celui de l'exportation.

La classification du mouvement de l'importation s'établit comme suit :

Classe I. — Animaux vivants.

Classe II. — Matières premières et articles appliqués aux arts et aux industries.

Classe III. — Articles manufacturés.

Classe IV. — Articles destinés à l'alimentation et fourrages.

Les plus grandes différences dans l'importation générale ont porté spécialement sur les classes d'articles reproductifs. La classe des matières premières et des articles appliquées aux arts et aux industries a diminué de 48 0/0 ; celle des objets manufacturés, de 54 0/0, tandis que la différence pour les denrées alimentaires n'a été que de 26 0/0, si l'on compare les totaux de 1914 avec ceux de 1913.

Nous donnerons maintenant la nomenclature générale des articles qui comptent le plus dans l'importation et nous ferons figurer en regard la part contributive qui revient à la France sur ces fournitures.

Nous estimons qu'il est particulièrement intéressant, pour les commerçants français, de rechercher dès maintenant quels sont les produits pouvant faire l'objet d'échanges de plus en plus actifs entre la France et le Brésil Pour celà, il suffit d'examiner en détails les statistiques d'années antérieures à la crise actuelle. Pour l'examen des chiffres ci-dessous, les intéressés verront immédiatement quelles nouvelles possibilités s'offrent à eux dans les conditions nouvelles créées par la victoire.

Liste des principaux articles d'importation

Articles importés au Brésil	Importations totales	La part de la France
Automobiles	16.590.390	4.545.101
Accessoires d'automobiles	3.910.477	1.494.154
Beurre	4.316.290	3.114.353
Boissons alcool et ferment	2.597.345	1.336.791
Briques	536.956	7.759
Articles de bureau	1.622.944	229.838
Cannetille, verroterie	379.684	201.895
Articles de caoutchouc	2.973.632	344.123
Carrelages	1.629.536	234.338
articles en celluloïd	795.115	625.523
Chapeaux	2.367.215	463.060
Instruments de chirurgie	667.651	295.615
Chocolat, confiserie, etc	308.130	99.417
Ciment	16.266.875	361.634
Conserves et extraits :		
Viandes	953.103	108.641
Légumes	1.888.267	367.309
Poissons	3.917.106	232.568
Cornes et os (Articles en)	351.377	261.213
Coton : tapis et toiles cirées	727.685	122.154
— bas et chaussettes	1.283.682	137.283
— confection et lingerie	524.911	763.463
— tissus teints	10.262.098	184.923
— tissus non dénommés	25.739.825	1.162.255
Couleurs en poudre	1.118.157	230.283
— préparées	2.329.641	135.355
Courroies pour machines	1.086.895	151.846
Craie et plâtre	349.503	137.523
Cuirs et peaux préparés et tannés	11.087.480	2.771.765

Cuivre, fondu et en limaille.....	3.259.083	262.061
Cuivre (fil de).................	3.997.645	142.162
Dynamite.....................	1.741.596	114.708
Eaux minérales	1.220.160	666.088
Echantillons de toutes sortes....	451.809	90.366
Eclairage (appareils d')..........	1.439.512	72.597
Electricité : Câbles électr........	1.791.981	43.646
Electricité : Appareils pour l'électricité et l'éclairage électr.....	14.867.282	1.661.423
Fer : Acier en barres ou en verges.....................	2.918.842	391.015
Fer : Hameçons, éperons, boucles, mors, serrures, cadenas, loquets, gonds, boutons, etc....	1.729.929	160.626
Fer : Fils de fer et d'acier.......	8.902.462	82.407
Fer : Coutellerie	3.690.544	268.667
Fer : Crampons, clous, vis et clous à river................	1.691.807	249.157
Fer : Pièces de fer pour constructions......................	9.576.949	1.188.597
Fer : Poteaux télégraph. ou téléphoniques et ponts	4.569.469	78.831
Fer : Rails et accessoires........	29.000.773	6.401.230
Faïence et porcelaine : Dames-jeannes, bouteilles, flacons, etc.	2.400.597	225.743
Faïence et porcelaine : Articles divers.....................	6.574.724	423.973
Fleurs artificielles.............	176.779	91.179
Fruits secs...................	2.175.070	750.454
Fumeurs (articles pour).........	1.930.392	1.026.934
Huiles a lubrifier (minérales ou végétales).................	3.901.265	88.131

Huile d'olive..................	6.754.785	504.463
Huiles végétales (tous usages industriels)..................	763.436	763.436
Imprimés (ouvrages, circulaires, cartes postales, calendriers)...	1.589.571	137.329
Instruments scientifiques.......	1.810.991	341.902
Joaillerie, bijouterie d'or (articles de), avec ou sans pierres précieuses.....................	665.341	195.980
Joaillerie, bijouterie d'argent (articles de).................	591.433	192.374
Journaux, livres, revues, musiques, cartes géographiques, hydrograph., etc...............	2.775.866	1.429.609
Jute et chanvre en fils, pour tissage.........................	6.730.061	164.045
Laine en fils, à tisser...........	6.563.767	3.422.765
Laine (Tissus de)..............	9.635.637	1.127.688
Lin (Tissus de)................	5.630.031	1.689.167
Liqueurs et sirops.............	371.826	271.635
Locomobiles et moteurs........	4.513.328	217.896
Locomotives...................	11.585.752	8.873
Machines pour l'industrie.......	17.795.468	1.095.548
Meubles en bois...............	2.691.602	335.146
Optique (Instruments et objets d')	264.170	114.230
Outils et instrum. divers........	10.233.137	925.144
Papier pour impression.........	6.513.121	55.972
Papiers (divers)...............	4.385.325	235.265
Parapluies et ombrelles (montures de)....................	1.246.108	372.265
Parfumerie....................	5.117.310	3.220.388
Peaux et cuirs préparés et tannés........................	11.087.480	2.771.765

Photographie (appareils et accessoires pour la)	639.001	159.651
Pianos	2.677.835	246.584
Pierres précieuses non montées	912.986	612.411
Plomb en lingots ou laminé	1.620.310	199.795
Pomb de munition, balles de plomb, amorces et capsules	6.730.905	610.510
Poils et plumes, brosses, plumeaux, balais et pinceaux	860.302	412.126
Pommes de terre	4.084.165	1.517.644
Pompes hydrauliques et accessoires	1.129.901	128.792
Soie (Rubans de)	849.098	394.586
Soie (Passementerie, tresses, liserés, etc.)	144.664	76.499
Soie (Confections de)	134.668	116.238
Soie (Tissus de)	1.228.807	445.183
Tuiles	1.358.239	848.937
Vélocipèdes, bicyclettes et similaires	799.708	98.384
Vermouth, bitter et boissons similaires	2.872.857	507.461
Verre et cristal (Art. de)	2.801.375	735.618
Vin de Champagne	1.047.194	987.250
Vins ordinaires	30.212.474	1.828.361

Le mouvement de l'importation par destination a été le suivant :

Etats	Contos papier
Rio de Janeiro	271.294
Sao-Paulo	248.698
Rio-Grande-do-Sul	75.814

Bahia	51.965
Pernambuco	48.984
Para	47.377
Amazone	22.940
Parana	19.476
Ceara	12.842
Maranhao	9.986
Matto-Grosso	8.685
Alagoas	7.703
Santa-Catharina	7.242
Espirito-Santo	6.322
Parahyba	4.169
Rio-Grande-do-Norte	3.340
Sergipe	3.300
Piauhy	1.626

Importations par pays de provenance en 1914

	Désignation des pays	Valeurs en francs	Pourcentage
1	Grande-Bretagne	212.363.442	0/0 23,8
2	Allemagne	143.967.430	16,1
3	Etats-Unis	156.652.349	17,5
4	France	69.664.762	7,8
5	Argentine	85.914.749	9,6
6	Portugal	45.547.532	5,1
7	Belgique	25.376.861	2,8
8	Italie	36.465.251	4,1
9	Uruguay	13.691.938	1,5
10	Autriche-Hongrie	9.050.506	1,0
11	Suisse	11.141.615	1,2
12	Terre-Neuve	17.952.272	2,0
13	Espagne	8.885.865	1,0

14	Indes	9.500.972	1,1
15	Hollande	7.664.768	0,8

Le mouvement maritime par pavillon a été le suivant, pour les principaux :

Pavillons	Entrées	Sorties
Brésilien	19.961	19.956
Anglais	2.868	2.851
Allemand	1.191	1.184
Français	381	379
Italien	353	350
Hollandais	137	139
Austro-Hongrois	195	565
Argentin	564	565
Norvégien	196	189
Espagnol	46	47
Suédois	60	60

Au simple examen du mouvement général de l'importation, il se dégage d'une façon très nette que la France est loin de détenir au Brésil la place qu'elle devrait y occuper. Actuellement et pour longtemps encore le commerce de l'Allemagne est sidéré, nos commerçants et nos industriels doivent donc s'efforcer de prendre la place de ce pays. Voici les principaux articles que fournissait l'Allemagne : fer en barres et baguettes, couleurs d'aniline et fuchsine, ciment, peaux et cuirs préparés et tannés, passementerie et tissus de coton, artillerie, armes, fil de fer, coutellerie, fer et acier pour constructions, rails et accessoires de chemin de fer, tubes et tuyaux de fer et acier, pianos, tissus de laine, bouteilles, faïence et porcelaine, verres et cristaux, appareils électriques, outils et ustensiles divers, machines à coudre, machines pour l'industrie papier. L'importation moyenne de tous ces articles dépassait annuellement 1.000 contos.

Notre pays étant le principal producteur de vin, nous jugeons intéressant de donner, avant de clore l'analyse du mouvement général du commerce brésilien, la nomenclature de l'importation des vins à Rio-de-Janeiro, en 1914.

Vins de provenance	Pipes	Pièces	Feuillettes	Caisses
Française	—	141	274	3.038
Espagnole	430	—	—	2.792
Italienne	—	69	852	8.495
Portugaise	177	—	—	29.597
Diverses	4.307	—	—	6.728

Il a été importé ou outre 2.502 caisses ou paniers de vins de Champagne.

Si l'on additionne les chiffres des importations et des exportations, on voit que le commerce du Brésil atteignait de 1910 à 1914, une moyenne annuelle de £ 125.080.000 et qu'il s'est abaissé en 1914 à £ 81.950.000, soit une diminution de 290 0/0.

Bien qu'on puisse constater que le développement des produits secondaires est encore loin de compenser la réduction de la valeur de l'exportation du café et du caoutchouc, la balance commerciale est rassurante et marque un premier rétablissement de l'équilibre, puisque 1914 a ramené un excédent d'exportation de 189.534 contos. La force de production du pays n'a pas fléchi d'ailleurs, mais a simplement été dépréciée temporairement, par suite de l'impossibilité absolue de transporter ces marchandises vers les marchés d'écoulement.

*
* *

Les chiffres ci-dessus, relatifs aux exportations et aux importations au Brésil, donnent une idée d'ensemble du développement de l'activité économique du pays. Non seulement la force de production du Brésil, jusqu'en 1913, accuse une progression rapide et considérable, mais encore la force parallèle d'achat, en un mot la richesse publique s'accroissait d'année en année, jusqu'au moment où éclata la crise mondiale.

Mais ce qui prouve encore mieux la richesse, les ressources prodigieuses et l'activité du pays, c'est l'effort qu'il a pu accomplir sans aucun secours de l'étranger pour remédier à la crise d'abord, pour amnihiler la position économique des boches ensuite et enfin la mobilisation économique à laquelle il a procédé au profit des Alliés.

On peut juger par la progression des denrées et produits nouveaux qu'il s'est mis à exporter sur une échelle grandissante de "importance de ses efforts et des ressources qu'ils ont procuré aux Alliés. Cet évènement a agi comme un puissant stimulant sur les exportations, qui n'ont pas tardé à prendre une forme nouvelle essentiellement favorable au Brésil.

D'autre part la réduction de l'importation a forcé la production nationale à se faire plus intense, à chercher des combinaisons, des succédanés des produits que l'étranger ne lui fournissait plus, à exploiter des ressources qu'on n'utilisait point et qu'on trouvait plus simple de se procurer au dehors. On peut en concevoir l'espoir que, quand le trafic océanique et les courants commerciaux normaux se rétabliront, le Brésil continuera à développer une activité industrielle et agricole supérieure à celle qui y régnait avant la guerre.

Les chiffres que nous publions ci-dessous, sont particulièrement intéressants et très instructifs à cet égard :

Exportation et Importation pendant 9 mois des années 1914, 1915, 1916, 1917

	1914	1915	1916	1917
		(en 1.000 £)		
Exportation	34.671	35.641	38.459	44.617
Importation	30.729	21.922	28.329	31.421
Différence	+ 3.942	+ 13.719	+ 10.180	+ 13.197

La production des produits secondaires, dont certains ne figuraient même pas sur la liste des exportations entre pour 375 millions de francs, dans le milliard et demi de francs qui représente l'exportation du Brésil en 1917, soit une proportion de 25 0/0. Voici d'ailleurs la liste des 22 principaux produits exportés.

Exportation des 22 principaux produits

Articles	Quantités			Valeur moyenne en reis		
		1914	1917	1914	1917	
Viande frigorifiée	T		50.470		900	K
Cuirs	—	26.503	27.510	875	1.857	K
Peaux	—	2.165	2.574	3.309	7.194	K
Viande sèche	—	5	3.598	1.417	1.057	K
Manganèse	—	157.300	415.725	22.727	103.983	T
Or en lingots	—	3.062	3.405	1.715	2.072	G
Coton	—	29.239	4.812	930	2.319	K
Riz	—		32.960		530	K

Sucre	—	10.136	88.854	150	508	K
Pommes de terre	—		3.243		164	K
Caoutchouc	—	25.572	26.717	3.326	4.338	K
Cacao	—	27.995	38.321	719	901	K
Café (1000 sacs)	—	7.355	7.732	40.017	43.055	sac
Cire de Carnauba	T	2.626	3.205	1.700	2.174	K
Farine de manioc	—	3.058	13.927	115	271	K
Haricots	—	3	75.853	299	427	K
Fruits	—	24.379	30.898	226	274	K
Fruits aléagineux	—	30.201	26.791	75	150	K
Tabac	—	25.025	15.637	873	897	K
Maté	—	42.967	40.181	454	526	K
Bois	—	10.340	33.552	107	093	K
Maïs	—		17.337		160	K

Nous nous excusons de l'abondance des chiffres cités, que nous avons cependant réduitsau minimum, mais ils ne sont pas fait pour effrayer les hommes d'affaires à qui notre travail s'adresse principalement, et ensuite et surtout, ils ont une éloquence si persuasive, que le raisonnement qui s'en dégage apparaît de suite comme irréfutable.

Bref, alors que l'exportation de presque tous les vieux produits brésiliens a diminué, notamment celle du café, du caoutchouc, du cacao, du tabac, du coton, du maté, au contraire celle des articles et denrées réclamés avec le plus d'urgence par les alliés a augmenté en quantité et valeur. Pour apporter uu peu plus de clarté, nous allons examiner successivement les articles qui figurent avantageusement sur cette liste d'exportation.

L'exportation de viande congelée, nulle en 1913 et 1914, figure dans la statistique de 1915 pour 8.514 tonnes valant £ 310.000, en 1916 pour 33.661 tonnes valant £ 1.414.000 et en 1917 pour 66.452 tonnes valant £ 3.134.000. Le cheptel brésilien, ignoré jusqu'alors, s'est révélé un des plus riches du monde. Les divers produits animaux non spécifiés passent de 11.702 tonnes, d'une valeur de £ 234.000 en 1913 à 22.774 tonnes valant £ 1.568.000 en 1917. La viande sèche de 21 tonnes et £ 1.000 en 1913, monte progressivement à 4.157 tonnes et £ 238.000 en 1919.

L'industrie frigorifique a marqué le commencement des progrès de l'élevage et a été son plus grand stimulant. Elle est appelée à devenir l'une des plus grandes sources de richesse du Brésil, surtout si on continue à le faire d'une façon rationnelle.

Le Brésil est certainement le pays qui possède les plus importants gisements de manganèse. Cette exploitation qui est appelée à prendre un essor prodigieux, a suivi une progression considérable depuis le début des hostilités. Exporté aux Etats-Unis pour la fabrication de l'acier Besemer, le chiffre de l'exportation est passé de 122.300 tonnes en 1913 à 532.855 tonnes en 1917. En même temps les prix ont presque quintuplé, passant de 22.250 reis la tonne en 1913 à 107.503 reis en 1917.

Le sucre de canne, un des plus anciens produits brésiliens, mais dont la concurrence de sucre de bettrave en Europe avait provoqué la crise profonde et l'exportation de plus en plus réduite, est redevenu une précieuse ressource pour l'exportation par suite de l'arrêt de cultures betteravières qui se trouvaient surtout dans les régions envahies par les boches. L'exportation qui n'était que de 5.367 en 1913 s'élevait en 1916 à 131.733 tonnes valant £ 3.624.000.

Il y a une quinzaine d'années seulement, le Brésil était obligé d'importer de l'étranger près de 100.000 tonnes de riz par an, bien que cette céréale fut cultivée avec succès dans la plupart des Etats. Mais les conditions de culture et d'exploitation étaient alors très défectueuses ; elles se sont considérablement améliorées depuis, et le Brésil, en adoptant simplement les métnodes modernes de culture, de battage et de décortication, qui exportait déjà 3 tonnes de riz en 1914, en exportait 42.590 tonnes en 1917 valant £ 1.262.000.

De même le Brésil, qui importait des haricots et des pommes de terre, est parvenu non seulement à produire suffisamment pour sa consommation, mais encore à exporter une quantité importante de ces deux marchandises.

L'exportation des pommes de terre commence en 1916 avec 16 tonnes et passe en 1917 à 3.807 tonnes valant £ 33.000; celle des haricots, dont on obtient 2 récoltes par an, monte de 4 tonnes en 1913 à 93.428 tonnes en 1917.

La culture du maïs, qui arrive à parfaite maturité au Brésil, où il est employé comme plante alimentaire, plante fourragère et industrielle, commence seulement à prendre une extension sérieuse. Alors qu'en 1912, il en avait été importé 6.269 tonnes, il en était exporté 4.833 tonnes en 1916 et 24.047 tonnes en 1917. C'est une source certaine de revenu, qu'on sera bien inspiré de ne pas négliger.

Les exportations d'alcool, d'arachides, dont le prix pour l'arroba de 15 kilos, a passé de 500 reis à 4.000 et 5.000 reis, d'étoupe, de tapioca, d'avoine, d'oignon, ont aussi sensiblement augmenté.

Le Brésil est également devenu exportateur de lentilles, de fromages, de caseine, de fécules, de poissons et volatiles congelés, de saindoux, de suif, de savon, de conserves de tomate, de carbure, de calcium, de fer en gueuse, de coton en fil pour tissage, de lin, de papier, de jute, d'huiles de coton et coco.

Cette statistique, montrant le développement des nouveaux produits cultivés et manufacturés dus à la mobilisation du travail national, témoigne de la nouvelle adaptation économique et industrielle du Brésil, depuis la guerre. Mais le plus grand bienfait dû à l'exagération des prix et des frêts a été l'impulsion donnée à l'étude et à l'exploitation des gisements de charbon du Brésil.

Le Gouvernement a pris d'importantes initiatives, qu'il serait trop long d'énumérer ici, tendant à favoriser l'extraction du charbon minéral et l'industrie métallurgique. Ainsi l'Etat brésilien est entré résolument et rationnellement dans la voie du développement méthodique de l'industrie sidérurgique, nouvelle source de force et de richesse. Déjà une grande fonderie de fer, d'une capacité de 30.000 tonnes par jour a été montée à Rio-de-Janeiro. Nous notons ce détail, parcequ'il est suggestif, mais nous n'en finirions pas si nous devions énumérer le développement extraordinaire de l'industrie en général et les progrès qui ont été accomplis dans toutes les branches du commerce.

Nous nous bornerons à constater, que les circonstances créées par la guerre, l'initiative du Président, triomphant du scepticisme de certains techniciens à l'égard de la valeur industrielle du charbon, ont réalisé cet évènement économique, qui marquera dans l'histoire du Brésil, si le capital, comme nous en avons la confiance, suit l'impulsion du Gouvernement.

En terminant, résumons-nous :

Si la statistique du commerce extérieur accuse encore une diminution de la quantité et de la valeur de l'exportation par rapport aux années antérieures, ce fléchissement relatif, n'est que transitoire. Il provient, en effet, d'un arrêt de la navigation. Dans tous les ports brésiliens les marchandises s'accumulent attendant des navires ; même les achats faits par les commissions des Alliés restent en souffrance. En fait, les prix des nouveaux produits d'exportation continuent à être en hausse, les commandes affluent de toutes parts, les produits abondent. C'est donc purement une crise de transport et non une crise de travail et de la production. Cela s'arrangera certainement et on peut s'attendre à une reprise prochaine des expéditions pour l'extérieur.

Neanmoins le gouvernement brésilien s'efforce de suppléer actuellement à l'insuffisance de transports maritimes, avec l'aide du Lloyd ; il s'applique à assurer des navires aux chargeurs pour l'expédition des récoltes et poursuit l'abaissement progressif des tarifs.

Malgré un concours de circonstances particulièrement défavorables, le Brésil s'est trés bien adopté à la situation que lui créait la guerre, et il a su trouver, comme compensation, les ressources nécesaires à son extension économique, dans l'exploitation intensive de ses richesses latentes. C'est en produisant beaucoup, mieux, à meilleur marché, que le Brésil a trouvé la solution définitive de la crise dont la période la plus intense est maintenant franchie. C'est pourquoi il convient d'applaudir et d'encourager les efforts réalisés par les pouvoirs publics au Brésil en généralisant les sources de revenus, en intensifiant l'industrie, l'élevage, la polyculture, et l'industrie extractive.

L'économie générale brésilienne n'a peut être pas tiré un parti important de la guerre, c'est-à-dire qu'elle n'en a pas bénéficié immédiatement et de façon tangible, mais elle ne tardera pas en recueillir un profit considérable à la grande satisfaction des capitaux commanditaires. Il ne faut pas que cette leçon soit perdue pour les uns et les autres.

CHAPITRE IV

Le Commerce Franco-Brésilien. — Pour la défaite économique de l'Allemagne. — L'effort nécessaire. — Les réformes indispensables. — Conquête des marchés Sud-Américains. — Conditions du succès commercial. — Le devoir de nos Etablissements de Crédit.

Il semble qu'en ce moment, où le plus intense effort devrait être employé en France à profiter de l'inaction forcée de l'Allemagne sur le terrain du commerce d'exportation, — moins peut être pour prendre immédiatement sa place, ce qui n'est point pratiquemment possible, que pour jeter les bases d'une action féconde et progressive, — on perd un temps précieux en discussions byzantines et en paroles. Or, il ne faut pas se dissimuler que c'est actuellement qu'il faut agir, que plus tard nous nous trouverons en présence d'une concurrence américaine et anglaise et surtout d'une concurrence allemande qui, s'efforcera de reconquérir les positions perdues et apportera au relèvement économique du pays toute sa puissance d'organisation, de méthode, d'esprit de suite, de tenacité, de savoir faire.

Nous ne cesserons de répéter qu'aucun pays peut être davantage que le Brésil n'offre un champ plus intéressant, plus large à l'expansion du commerce d'exportation français. L'activité française peut s'y déployer de mille et une manières ; il suffit de vouloir, surtout de savoir s'organiser. Mais malheureusement, toute la documentation que nous avons condensée dans cette brochure, si instructive soit-elle, ne prévaudra pas contre la force d'inertie, pas plus qu'elle n'apportera une lumière plus éclatante sur ce qu'il y a à faire au Brésil, si nos négociants, nos industriels, nos armateurs ne sont plus pénétrés de la nécessité de recourir aux mêmes méthodes, grâce auxquelles ont réussi les allemands.

Ce serait bien mal connaître les boches que de supposer qu'ils se considèrent comme battus sur le terrain économique comme sur l'autre. Il faut au contraire se pénétrer de cette idée que nos ennemis, dont l'opiniâtreté n'est pas une des moindres qualités, tenteront de recueillir par d'habiles pratiques — mêmes déloyales — les fruits que les opérations militaires n'ont pu leur procurer. Ils n'ont entrepris cette guerre, qu'ils voulaient fraîche et joyeuse, que dans l'espoir d'assurer leur hégémonie commerciale et industrielle sur le monde, pour hâter la réalisation d'une politique qui eut à coup sûr triomphée, avec le temps, grâce à notre inertie passée, s'ils avaient été moins pressés de jouir de leur triomphe.

Leur esprit administratif, fertile et ingénieux, servi par une conscience sans scrupule, leur suggèrera des initiatives hardies, des méthodes nouvelles d'accaparement et de contact, contre lesquelles nous devons nous prémunir dès maintenant. En tout cas, ils ne manqueront certainement pas de reprendre les formules qui leur avaient été si favorables avant les hostilités et par lesquelles l'univers aveuglé, s'était laissé si malencontreusement duper. A cette unité de l'organisation allemande, il faut que la France et la Belgique, son alliée d'hier et de demain, opposent une pareille unité de vues, de conception, de volonté et d'action. Seule, cette collaboration intime, cette solidarité étroite des deux nations liguées, aussi bien militairement qu'économiquement, contre le sinistre Empire, démocratisé, pour les besoins de la cause, permettraient de faire apparaître et de rendre efficace la supériorité des ressources dont elles disposent sur le terrain économique.

On ne saurait trop insister sur cette vérité inéluctable et il faut détruire par tous les moyens cette légende d'une Allemagne pressurée, rançonnée sans merci, de telle sorte qu'elle en vienne à tomber au niveau où elle se trouvait il y a cent ans, écrasée pour de longues années par le pesant fardeau de son insuccès. Certes l'Allemagne est appauvrie de centaines de milliers d'hommes qu'une aberration monstrueuse avait lancés à la conquête du monde, ivres d'un démoniaque orgueil, et qui sont tombés, fauchés par la mitraille sur les fronts où lutta désespérément notre ennemi d'hier, d'aujourd'hui et de *demain*. Elle a été saignée à blanc par les dépenses improductives de guerre, les emprunts incessants, les émissions successives de papier et autres expédients, qui retardèrent sans parvenir à l'empêcher, l'inéluctable catastrophe qui la guettait. Sans doute les puissances de l'Entente, chercheront à être indemnisées le plus largement possible, par la cession immédiate que devra faire l'Allemagne des objets matériels — notamment des machines et des navires — qu'elle possède, en remplacement de ce qu'elle a volé ou détruit. Mais, il ne faut pas perdre de vue, qu'elle a conservé intacts son sol et les grandioses usines qui le couvrent, ses richesses souterraines, ses voies ferrées et ses canaux. Déjà, les boches ont amoncellé des stocks formidables de marchandises, qu'ils revendront à des prix dérisoires de par le monde, sitôt la signature de la paix. Ils étudient les moyens, bons ou mauvais moralement, de se relever, de faire l'autre guerre que sournoisement ils préparent.

Nors devons donc aussi nous préparer, avec notre vision claire et toute latine des domaines redoutables. Il ne faut pas que nos commerçants et industriels se figurent qu'ils ont aujourd'hui partie gagnée et que, se confinant dans leurs habitudes surannées, ils pourront attendre placidement les commandes chez eux. C'est là une profonde erreur, qu'il serait des plus dangereux à laisser s'accréditer et que doivent s'efforcer de combattre, tous ceux qui, comme nous, travaillent dans l'intérêt de leur pays.

Il faut au contraire étudier et nous adapter les formules qui avaient facilité le développement de leur commerce, de leurs industries d'une manière presqu'incroyable, avant la conflagration européenne. Nous les résumerons ainsi : organisation, méthode, trusts, dumpings, primes à l'exportation, souplesse et habileté des représentants, banques d'exportation. Et cependant l'Allemagne, ne sera jamais une nation supérieure complète, car ce qui lui manque c'est l'intelligence individualiste ; et celà, un Etat ne peut l'acquérir.

La France peut, au contraire, quand elle le voudra, acquérir ce qui lui manque, c'est-à-dire l'activité économique. Si la matière ne peut, en effet, jamais créer de l'esprit, l'esprit, quand il y consent, peut toujours animer la matière. Ce n'est pour lui qu'un effort de bonne volonté. Aussi lorsque la théorie de l'organisation est présentée comme une vertu spécifiquement boche et dont la race germanique aurait le monopole absolu et indestructible, c'est une juste légende. Ce don fameux de l'organisation, n'a poussé brusquement aux allemands qu'après le traité de Francfort, lorsqu'ils ont été pourvus d'un pouvoir politique unique, capable de prêter à leur médiocrité innée l'appui de la force, de la vigilence, de l'initiative.

Connais-toi toi-même, disait le Sage antique. Nous devons dire aujourd'hui : connaissons nos ennemis. A ce prix seulement, nous pourrons leur imposer notre loi et nous affranchir de leur joug odieux.

Ici, comme partout, ce qu'il faut, c'est procéder avec ordre et méthode, avec une étroite collaboration de la nation entière. Loin des belles phrases, qui ne sont que des phrases, autrement dit, par le temps qui court, viande creuse.

Nous moquer, haïr, boycotter tout ce qui est boche, sont des moyens de sentiment, qu'il est certainement très utile, nécessaire même, de dèvelopper dans la masse du peuple, mais ce ne sont pas des moyens d'intelligence, les seuls qui comptent, pour que notre commerce et notre industrie reprennent sur les marchés mondiaux la place prépondérante à laquelle ils ont droit et qu'ils n'auraient jamais dû perdre.

Pour sortir de notre fétichisme administratif et économique, il faut tout simplement renverser les idoles et les remplacer par des êtres vivants, mettre des faits à la place des mots. Or, cette petite révolution intérieure, tient dans une simple formule pratique : introduire partout des capacités. Si notre administration, par exemple, choisissait et révoquait ses représentants comme une maison de commerce d'après les résultats obtenus, d'après les capacités et non point à l'ancienneté ; si on exigeait des patrons et des secrétaires de syndicats des capacités techniques pour discuter et agir, vous verriez, sans aller plus avant, quel serait le sérieux et la solidité de notre vie économique. Imaginez enfin que de vrais amis du peuple s'efforceraient d'augmenter sa capacité technique et sa valeur morale au lieu de préconiser le moindre effort et le sabotage.

*
* *

Après avoir lutté si opiniâtrement pour la victoire de leurs armées, les nations se préoccupent vivement de se préparer à la lutte commerciale, en vue de triompher sur les marchés sud américains.

La France, dont le commerce jadis si florissant au Brésil, a été distancé par celui de concurrents plus entreprenants et mieux secondés, a pour elle toutes les sympathies, les affinités des races latines, qui peuplent l'Amérique du Sud, elle se présente à ces pays avec une auréole de gloire qui lui assure un prestige exceptionnel. Elle doit pouvoir reconquérir les débouchés des marchés sud américains et profitant du peu de sympathie qu'inspirent les boches, les combattre sur le terrain commercial après les avoir vaincus sur les champs de bataille.

L'action française s'est exercée jusqu'à présent au Brésil surtout dans le domaine financier et très imparfaitement dans le domaine commercial. Il s'agit donc aujourd'hui de consolider ce qu'elle a fait au point de vue financier, d'agrandir son champ d'action au point de vue du commerce d'exportation et de ne pas se désintéresser de la question industrielle où les allemands avaient une prépondérance avant la guerre et où les américains s'essaieront, eux aussi, avec encore de plus grandes chances de réussite.

C'est là un vaste programme, peut-être ; mais si l'on sait apporter à sa réalisation, non plus seulement des idées spéculatives ou des paroles, mais un esprit pratique et des actes, la France verra s'agrandir sa situation commerciale et industrielle d'outre-mer en profitant de la position qu'elle a su se créer au point de vue financier au Brésil où elle a placé tant de capitaux.

Nous ne devons donc plus hésiter à prendre dores et déjà les mesures urgentes qui s'imposent pour développer nos affaires, notre commerce. Jamais, peut être, le moment ne s'est montré aussi favorable pour réagir. Sachons en profiter. Rien n'est plus aisé, mais il est nécessaire d'accomplir un grand effort et pour cela, il suffit simplement que nos commerçants secouent leur torpeur et abandonnent leur veilles méthodes.

La France a eu le grand tort, jusqu'ici, de dédaigner sa grande amie, de laisser passer en d'autres mains des affaires fructueuses et honorables qu'elle eut dû retenir. La France dormait ; il faut qu'elle se réveille.

En doublant ainsi le bien moral qui nous unit indissolublement, français et brésiliens, par de solides liens matériels, financiers et commerciaux, nous renforcerons notre situation d'une manière singulièrement efficace. A notre communauté d'idéal, à notre solidarité morale que commande notre commune origine latine, joignons cette solidarite nécessaire, indispensable d'intérêts matériels.

Ah ! si nous voulions : si au lieu de dépenser toutes nos activités, en vaines palabres, en discours pompeux, en banquets somptueux mais inutiles, nous emploions quelques-unes de nos ressources infinies à prendre pied solidement au Brésil, où déjà triomphent nos concurrents, quel merveilleux rayonnement nous pourrions espérer là-bas.

Mais il est temps, pour nous, de nous installer à la place qui nous revient de droit, car d'autres races sont prêtes à nous disputer le magnifique territoire que le génie et l'argent latins ont jusqu'ici fécondé. Riche de toutes les ressources naturelles, le Brésil attire les convoitises générales. Il appartient aux peuples latins d'Europe d'y maintenir leur hégémonie pacifique, par une collaboration de plus en plus étroite dans la mise en valeur.

L'accueil admirable que le brésilien fait au français, permet d'augurer l'avenir magnifique, l'essor merveilleux, que peut prendre notre commerce, notre industrie en ce pays qui aime passionnément la France et qui le lui a prouvé surabondamment.

*
* *

Pour obtenir des résultats tangibles et reposant sur des bases solides, il faut donc qu'on établisse un programme et que l'on s'y tienne. Au cours de cette étude, nous comptons mettre en lumière les grandes lignes de notre rénovation économique et envisager les réformes qu'il serait utile de faire immédiatement, parcequ'elles présentent une importance vitale pour l'avenir de notre pays. Certaines constatations seront peut-être peu flatteuses pour notre amour propre national; mais qu'importe, si la connaissance des erreurs dont furent coupables les générations précédentes et qui retombent lourdement sur nous, peut nous aider dans l'élaboration d'une vie économique nouvelle et nous permettre de léguer, aux générations futures, une génération mieux organisée et plus forte.

Le manque d'hommes aptes au milieu et préparés et armés pour la besogne spéciale qu'on leur demandait était notre excuse. Nous n'avions pas *the rigth man in the right place*. Nos jeunes gens n'étaient pas dotés d'une technicité suffisante et ignoraient même la plupart du temps la géographie.

A cette ignorance qui était traditionnelle, s'ajoutait celle des langues étrangères. Ce manque de connaissances spéciales, fondamentales, pourrions dire, était devenu une entrave considérable au developpement de notre commerce.

La théorie scientifique des affaires et du travail, l'économie politique, n'étaient pas mieux connues de la plupart. C'est à peine s'ils entrevoyaient comment se produit, circule et se distribue la richesse. Dans le domaine du commerce et de l'industrie, comme dans celui de la politique proprement dite, on paie cher cette ignorance. Il suffit de citer à cet égard les malheureuses résolutions fiscales qui ont été prises si souvent par les chambres françaises et qui allaient si directement contre le but qu'on se proposait, celui de venir en aide à la marine, au commerce, à l'agriculture, à l'industrie.

Il en est de même pour les problèmss économiques, qui se rattachent à la question ouvrière, dont nous ne savons pas non plus poursuivre la solution et qui renferment la source de toutes nos résolutions sociales. Si l'on avait enseigné à discuter toutes ces choses à nos jeunes gens d'hier, nul doute que nos industriels, nos commerçants, nos hommes politiques eux-mêmes, seraient souvent moins embarrassés. Il faut étudier la théorie du travail et des affaires, la géographie, les langues modernes, comme on étudie les littératures, les sciences, le droit, la médecine, la théologie ; en d'autres termes, il faut compléter l'éducation d'une partie de la jeunesse française en adoptant notre enseignement à ces besoins nouveaux.

Si nous voulons donner à la France l'essor commercial que nous souhaitons tous et réaliser cette œuvre sur des bases solides et durables, une transformation de l'enseignement s'impose d'abord : tout l'ensemble de notre système éducatif est à rénover.

Il est étonnant qu'on n'ait pas encore songé, en haut lieu, à l'utilité de cette grande réforme. Jusqu'ici une administration à l'esprit étroit et aux vues courtes a négligé cette question essentielle. Elle n'a pas vu les hautes raisons qui réclament cette adaptation de notre enseignement ; l'utilité de préparer, pour le lendemain de la paix, de nouveaux moyens d'action économique et, par dessus tout, la nécessité première de donner à nos industries, à nos grosses maisons d'exportations. à nos institutions commerciales, à notre administration enfin, des chefs capables, dotés d'une solide instruction adéquate, ce qui leur donnera l'initiative et la hardisse nécessaires pour mener au succès notre relèvement commercial.

Nous avons un enseignement de classes, il nous faut un enseignement national. Nous avons un enseignement de mots, il nous faut un enseignement de faits. Il n'est pas possible que la routine, la négligence, le souci des mesquines économies, plus coûteuses que des dépenses productives, retardent plus longtemps l'essor des énergies toutes prêtes à mettre en œuvre les ressources inexploitées de la France. Secouons cette espèce de somnolence qui pèse sur notre vie publique ! Moins de paroles, moins de dithyrambes, moins de prophéties magnifiques : plus de réalité et plus d'action !

*
* *

En attendant que la France ait formé la nouvelle génération, dote nos jeunes gens d'une instruction professionnelle *ad hoc*, afin qu'ils soient capables de s'expatrier pour travailler à l'expansion commerciale du pays, au lieu de rechercher simplement les carrières administratives et les fonctions publiques, il est une autre mesure essentielle, e qui prime toutes les autres, que nous voudrions voir réaliser. Nous voulons parler du remaniement de notre corps consulaire. Cette réorganisation devrait être entreprise immédiatement, à la faveur du cataclysme qui vient de bouleverser notre pays ; ces différents changements passeraient presque inaperçus et, en tout cas, les criailleries de ceux, atteints par cette mesure, ne seraient pas de nature à émouvoir l'opinion publique.

Couverte de gloire et fière de l'universelle admiration des peuples civilisés, il faut que la France soit, non seulement dignement représentée à l'étranger, mais encore d'une manière pratique et par des gens d'une réelle compétence.

C'est qu'en effet, ce sont les agents consulaires, n'ayant pour la plupart aucune idée de la partie commerciale, qui sont chargés d'envoyer des rapports sur la situation du pays où ils sont installés et sur les débouchés susceptibles d'accroître nos exportations. Or, nous avons pu, au cours de nos nombreux voyages en ces pays d'outre-mer, nous convaincre de l'incurie, de la négligence, ainsi que du manque total de connaissances de nos agents, à l'esprit obtu et borné. Ces Messieurs ont généralement recours aux lumières d'un des membres de la colonie française ou belge, industriel ou commerçant, plus ou moins compétent, instruit, et, aveuglement, ils signent ces rapports, sans se rendre compte, au préalable, s'ilsne vont pas justement à l'encontre du but poursuivi et s'ils ne cherchent pas plutôt, ce qui arrive presque toujours, à évincer un concurrent futur, qui pourrait devenir dangereux pour un ami, pour un parent, parfois même pour l'auteur du rapport.

C'est ainsi qu'il nous est arrivé souvent, trop souvent, de fournir des renseignements à tel ou tel de nos représentants à l'étranger. Sans les retoucher, ni contrôler nos notes, griffonnées à la hâte sur le coin d'un bureau, elles étaient recopiées, signées par le consul lui-même et adressées au ministère compétent. Nous pourrions préciser davantage, donner des exemples, citer des noms, mais à quoi bon, cela nous mènerait beaucoup trop loin, et de plus, notre but n'en serait pas plus facilement atteint.

Quant à la courtoisie, à l'urbanité de nos consuls, elle égale leur incompétence. Lorsqu'un représentant de commerce débarque dans une ville quelconque du Sud Amérique, son premier geste est de se rendre au Consulat pour s'y faire inscrire. Tout naturellement, il manifeste le désir d'être renseigné sur l'état des marchés, sur la situation de place, sur la possibilité d'écoulement des articles qu'il représente et sur la situation de telle ou telle maison concurrente. La réponse du consul est invariablement la même : « Nous ne possédons aucun document de nature à vous fixer. »

De même, si vous faites expédier votre correspondance au Consulat, le chancelier vous invite à faire cesser ce courrier, car on craint que vos lettres ne s'égarent *(sic)*.

Ce qui revient à dire qu'un Français qui débarque à l'étranger ne trouve aucun appui auprès du représentant de la France. Et, ne croyez pas que nous exagérions le moins du monde, tout au contraire. Interrogez les voyageurs de commerce qui ont visité ces Républiques Sud Américaines, ils vous répondront tous que s'ils n'ont pas mieux réussi, la faute en incombe, pour une bonne part, aux consuls qui, loin de les encourager et de leur faciliter leur tâche, souvent ardue et difficile, les traitent presque toujours d'une manière cavalière et parfois vexatoire.

Ce que nous disons des Consulats français peut s'appliquer exactement aux Consulats belges. Il n'est pas possible que les Ministres compétents ne s'émeuvent pas et ne tâchent de porter remède à cette situation pénible. Respectivement, il faut que ces deux grandes nations, la France et la Belgique, soient désormais dignement représentées à l'étranger, par des gens capables, de nationalité belge ou française, et non par des hermatlos comme nous avons pu le constater au cours de nos voyages. C'est ainsi par exemple, que dans certaines villes de l'Amérique du Sud, les consuls belges étaient en même temps les représentants de firmes allemandes. Et l'on pouvait voir ce fait par trop paradoxal : les armes de la glorieuse Belgique accrochées à la devanture de maisons boches. N'est-ce pas suffisamment édifiant pour nous dispenser d'insister.

Il existe bien des chambres de commerce, mais le français ou le belge qui s'y présente est considéré, là aussi, comme un parasite et un vulgaire concurrent, dont il faut à tout prix se débarrasser. Etonnez vous, après cela, que nos exportations soient restées stationnaires, pendant que celles de nos ennemis les boches, aient été sans cesse en progressant depuis dix ans.

Ce n'est pas, loin de là, que les teutons soient plus intelligents, plus habiles commerçants que le français, ni qu'ils procurent à leur clientèle de meilleures marchandises. Mais simplement, parce qu'ils possèdent une bonne organisation et que leurs Consuls, travailleurs et actifs, leur réservent toujours un accueil bienveillant et leur fournissent tous les renseignements susceptibles de faciliter le placement de leur camelote, allant même jusqu'à les soutenir de leur propre argent. De plus, les Consulats allemands sont cossus, richement outillés, toujours heureusement situés. En un mot, ils ont de la tenue. Ce parallèle ne peut qu'inciter les français à la tristesse.

Nous devons à la vérité de reconnaitre que la faute n'en incombe nullement à nos consuls qui, généralement tirent le meilleur parti possible des maigres subsides qui leur sont alloués pour frais de représentation. Au Ministère des Affaires étrangères, on sait cela depuis longtemps. Mais les rapports, les ministres, les années passent sans qu'on mette fin à cette scandaleuse pénurie. La moindre sous-préfecture en France est plus favorisée que le plus important de nos Consulats en Amérique du Sud. Tous ceux qui les ont visités manifestent leur indignation par les mêmes mots qui doivent être enfin entendus en haut lieu. C'est honteux ! ! !

Il faut en finir une bonne fois, qu'on nous donne donc enfin cette grande réforme consulaire, pour laquelle nous avons déjà mené de si ardentes campagnes.

Il faut des Consuls, il ne faut pas simplement des incompétents, des nullités en matière commerciale ; il faut des hommes qui travaillent, actifs, intelligents. Assez des pistonnés ! Assez des fils à papa !

* * *

Néanmoins, si importantes que soient ces mesures et les bienfaits immenses qu'elles peuvent apporter à notre commerce, elles ne suffiraient pas, pour nous rendre la place prépondérante que nous sommes en droit de revendiquer au Brésil. Il faudrait également apporter l'amélioration indispensable à nos services de navigation, si défectueux.

Or, dans le domaine proprement dit de la navigation maritime, rien n'a encore été tenté en France pour tirer parti d'une situation exceptionnelle. La marine marchande française, n'a rien essayé, que nous sachions, pour recueillir les fruits que nous laissait espérer notre pénétration financière. il existe à Bordeaux, cependant, pour ne citer qu'un exemple, de puissantes maisons d'armement, qui ont des services de navigation réguliers entre cette ville et le Sénégal. Il eût été possible, croyons-nous, aux armateurs bordelais — ne fut-ce qu'à titre d'essai — de prolonger leurs lignes jusqu'à Belem ou Manaos, où le frêt d'importation relativement considérable pour les besoins de l'Amazone et du Para et celui de l'exportation du caoutchouc et quelques produits annexés, étaient monopolisés par les allemands.

Cette question du rôle que pourrait jouer la flotte commerciale française dans cette partie de l'Atlantique, où la place à prendre est extrêmement intéressante, est au surplus trop complexe pour que nous puissions faire autre chose qu'en indiquer l'importance. Il est, par contre, inutile d'insister sur ce point, trop évident, que le développement de notre influence en Amérique du Sud et la recherche de facilités plus grandes pour notre commerce d'exportation présupposant l'existence et l'appui d'une marine marchande suffisante, et que l'augmentation du tonnage de nos exportations n'apporterait qu'un résultat incomplet, si cette augumentation ne devait se traduire que par un accroissement de frêt et de bénéfice pour les navires battant pavillon étranger ou bien même ennemi.

*
* *

De même que la France doit s'appliquer à transporter le plus possible elle-même les marchandises qu'elle échange et à donner son frêt à une marine nationale, de même elle doit éviter que, faute de banques à elle, les 90 0/0 de ses affaires en Amérique passent par l'intermédiaire d'établissements financiers étrangers, qui connaissent ainsi les noms de sa clientèle, ses besoins, les prix consentis et sa solvabilité. En outre, la difficulté de trouver à escompter du papier à long terme sur des firmes ou des particuliers d'une solvabilité parfois inconnue, l'éventualité, pour les fournisseurs, d'être obligés de recourir, pour des recouvrements litigieux, à des procédures longues et coûteuses, la difficulté de recueillir des renseignements commerciaux sûrs, font que le commerçant français, ne consent pas facilement à de longs crédits. Or, lorsqu'il s'agit d'un pays comme le Brésil, la question du crédit à long terme, prime toutes les autres.

Le commerce d'exportation vit, en partie, grâce à la commandite, au compte courant, à l'escompte du papier. Il vit surtout, grâce au crédit individuel d'une élasticité contingente et indéterminée. Les négociants, non français, sont, dans leurs relations avec la clientèle brésilienne, d'une complaisante souplesse, en dehors de nos habitudes.

Ainsi, lorsque, par suite d'une cause fortuite, mauvaise récolte par exemple, un Fazendero se trouve dans l'impossibilité de faire face à ses échéances, il est d'usage constant, au Brésil, de lui prolonger les délais, sans menace, ni protet. Le fournisseur français n'entend pas de cette oreille : ses crédits sont relativement courts, et trop rigoureuses ses conditions de paiement, parcequ'il se trouve lui-même, la plupart du temps, dans l'impossibilité d'escompter sa créance.

Il faut, à la France, une grande Banque d'Exportation ou que nos Institutions de Crédit, créant des banques régionales dans ces pays, adoptent leurs moyens et usages de crédit aux besoins et aux conditions mêmes du commerce extérieur. L'Angleterre a déjà la sienne, la *British Nade Corporation*, en plein fonctionnement. L'Association économique allemande pour l'Amérique Centrale et Méridionale, de concert avec la Société des Exportateurs de Hambourg, a résolu la Création de la Banque allemande d'Exportation, qui est un fait accompli à cette heure. Ainsi, en Angleterre, comme chez nos ennemis, le crédit à l'exportation est organisé. Ici encore, la France arrivera-t-elle la dernière ?

Il y a quelque temps la Chambre de commerce française de Rio-de-Janeiro a approuvé un projet magistral, se rapportant à cette question, projet conçu et élaboré par un financier français, aussi sérieux que compétent en la matière; remettant un vœu favorable à cette création immédiate et le remettant au Gouvernement français. Les Pouvoirs Publics n'ont pas dû y apporter toute l'attention qu'il méritait, car déjà on en entend plus parler.

Quoiqu'il en soit, et bien que ce projet ait ses partisans et ses détracteurs, il n'est pas discutable qu'une organisation nouvelle plus souple, plus élastique du crédit à l'exportation, se rapprochant du système des banques anglaises, s'impose et qu'une Banque d'Exportation, pour le réescompte du papier des Banques Françaises du Brésil, de l'Argentine, du Chili, etc, est indiquée par l'expérience et l'exemple de grandes puissauces commerciales. Enfin, une nouvelle conception du rôle des banques découle de la situation présente et des leçons du passé, c'est que les banques doivent être avant tout des instruments de crédit au service du commerce. C'est pour avoir trop oublié ce principe et négligé les opérations de banque proprement dites et l'escompte, qui sont leurs attributions essentielles, que les banques françaises fonctionnant en Amérique du Sud, ont souvent lamentablement échoué dans des affaires spéculatives. A cet égard, les enseignements des trente dernières années ne doivent pas être perdus.

Mais, en attendant que soit réalisée la création de cette Institution de Crédit, quasi officielle, nos commerçants, nos industriels, nos exportateurs, peuvent trouver un puissant appui, largement suffisant, auprès de certaines organisations financières de premier ordre, imbues de l'esprit moderniste, qui ont une longue expérience du pays, la connaissance parfaite de leur clientèle et qui connaissent la façon dont les affaires y sont traitées.

Au premier rang de ces établissements se place certainement, la *Banque Française et Italienne pour l'Amérique du Sud*. Nulle autre, ne paraît mieux indiquée pour collaborer à cete œuvre de régénérescence, que nous préconisons. Car, par sa très nombreuse clientèle, autant que par les renseignements qu'elle possède sur tous les commerçants, cette banque semble désignée comme le facteur le plus important et le plus décisif de l'expansion française en ce pays. Les fabricants et les exportateurs français auront d'autant plus de facilités pour entretenir des relations commerciales directes avec le marché brésilien, que le siège social de cette banque se trouve à Paris même 41, Avenue de l'Opéra et qu'elle traite toutes les opérations bancaires, comme n'importe qu'elle autre banque française.

Disposant en outre d'un nombreux personnel, rompu à ce genre de transaction, et connaissant admirablement les marchés de l'Amérique du Sud, pour les avoir pratiqués, les commerçants, certains d'être bien accueillis, y tiendront des renseignements de première main, surs et contrôlés, ce qui leur évitera, d'abord une perte de temps considérable et surtout tous les déboires, dont, avant la guerre, ils furent parfois victimes.

La Banque Française et Italienne est merveilleusement outillée pour collaborer au développement des échanges entre les deux grandes nations latines. Elle s'est préparée, sans bruit, mais avec persévérance et intelligence, à seconder énergiquement toutes les initiatives, tous les efforts de nos exportateurs et dans ce but, elle vient de donner une nouvelle organisation à ses services, d'engager un nouveau et nombreux personnel français et d'étendre sa sphère d'action en créant plusieurs nouvelles succursales dans les principales villes de l'Amérique du Sud, centres naturels des transactions commerciales et des intérêts dans différentes affaires Sud-Américaines,

Soutenue par deux grands établissements financiers français, appelée à jouer le rôle d'intermédiaire indispensable entre nos syndicats de producteurs et nos clients, pour le développement bien compris de leurs intérêts réciproques, notre capital industriel et commercial pourra ainsi prospérer considérablement et à l'abri de toute surprise.

*
* *

Il s'agit donc d'organiser, d'une façon plus nationale, le commerce français au Brésil, en luttant contre nos concurrents avec les mêmes armes qu'eux : union étroite des français, formation d'un personnel compétent, utilisation plus intelligente des capitaux, confiance en nos compatriotes. Notre avenir, si longtemps compromis, en Amérique du Sud, dépend, de l'union intime de notre production industrielle et de notre force financière. Nous devons faire accepter l'une et l'autre à la fois.

Mais, pour arriver, à ce désidérata, il faut que nos industriels se conforment aux usages des marchés qu'ils désirent conquérir, qu'il y mettent du leur. La distance importe peu. C'est la méthode qui fait le tout,

Nous allons donc indiquer très brièvement l'attitude qui convient à l'importateur et noter les conditions essentielles de sa réussite, savoir : un sens commercial en éveil, une politesse commerciale et une élasticité de crédit facilitant les échanges, une confiante amélioration pour les produits de son pays, le maintien de l'équilibre entre les intérêts parfois contraires des producteurs et des intermédiaires, une conduite avisèe pendant les crises économiques, une organisation rationnelle des services maritimes.

Le négociant français a l'habitude de manufacturer au même prix les articles exportés et ceux qu'il destine à la consommation locale. Et encore a-t-il trop souvent la prétention de vendre ceux-là plus cher qu'en France.

Nos concurrents procèdent autrement : ils ne facturent d'ordinaire la marchandise à leurs clients lointains qu'au prix de revient, c'est-à-dire au-dessous des cotes de leur place. Ce procédé leur vaut l'avantage, grâce à l'augmentation du débit, d'un prestige industriel et commercial appréciables, un meilleur emploi des capitaux, des offres de travail plus abondantes et, par suite, une diminution du coût de chaque article.

C'est méconnaître le caractère de l'américain — il importe de le constater — que de lui adresser de la « marchandise d'exportation ». Le terme même est, en l'espèce, un contre sens. Le goût raffiné de la clientèle, lorsqu'il s'agit d'industries de luxe, son sens pratique en ce qui concerne les autres manufactures, y répugne à la camelote et ne se laisse point égarer par une apparente élégance. C'est un cas de conscience pour le vendeur de n'envoyer au loin que des objets établis solidement, afin de ne pas imposer tout d'abord au destinataire des frais de réparation.

Notons ici également, que le prétendu mauvais goût des peuples lointains est le résultat de leur juste compréhension du climat. Dans un pays ensoleillé, l'atmosphère saturé d'humidité irise la lumière ; les reliefs et les couleurs changent d'importance et de relativité. Dès lors, ce qui chez-nous, créerait des contrastes choquants peut, sous d'autres latitudes, se fondre de façon harmonieuse.

Cette observation s'applique autant à l'ornementation architecturale qu'à la décoration intérieure des maisons, qu'à la toilette de la femme. Et, par suite, c'est bien le fournisseur qui doit tenir compte des habitudes de vision du client.

Les rapports internationaux, on le sait, se développent à la faveur de certains procédés de courtoisie. L'Espagnol baise invariablement les mains de son correspondant. Le Brésilien n'écrit qu'à des Seigneurs Illustrissimes et Excellentissimes... etc.

Ce n'est pas à cet encadrement de la pensée qu'il faut attacher de l'importance, mais à la méthode permettant d'établir et de consolider les échanges. Cette méthode peut se résumer ainsi : accuser réception des lettres, même s'il est impossible de donner à l'affaire la suite immédiate qu'elle doit comporter ; répondre, sans retard, à toute question ; ne jamais refuser l'envoi de catalogues, de prospectus, éviter les fins de non recevoir. Demander des explications en cas de doute ; n'exécuter une commande qu'après être certain de ne point commettre de méprise ; indiquer les prix en fabrique, les prix C. A. F. ou encore les prix sur le marché étranger. Observer en quelque sorte, les scrupules dans l'exécution des commandes, en raison directe de l'augmentation des distances. La mention de cet abécédaire peut sembler superflue. Et, pourtant, on ne saurait douter que sa fréquente méconnaissance soit la cause de beaucoup d'insuccès pour nos négociants en rapports avec le Brésil.

Tout naturellement, nous en arriverons maintenant à examiner l'une des principales causes de la décroissance de nos ventes sur ce marché. Elle réside dans le caractère non concordant des intérêts de l'industriel et du commissionnaire, - ce parasite qu'il faudrait arriver à supprimer— malgré l'étroitesse de leurs rapports.

Voyons le rôle normal de chacun.

Sous peine de sombrer, le premier doit, dans des conditions rémunératrices, écouler ses produits ; le deuxième se préoccupe plutôt des intérêts de sa maison que des profits de ses fournisseurs. L'un, absorbé par la question technique et généralement peu familiarisé avec l'organisme du commerce international, trouve avantage à vendre sa marchandise sur place, à des maisons ducroire qui le paient à brève échéance.

L'autre, qui ouvre en pays lointain de longs crédits, court des risques, doit s'assurer le loyer de l'argent qu'il avance et, par suite, établir une sensible différence entre le prix versé aux fabricants et la facture qu'il adresse au chaland transatlantique.

Afin de toucher le client avec des articles pouvant lutter contre la concurrence, l'intermédiaire choisit, pour la fourniture d'objets similaires, l'industriel qui, au meilleur compte, lui offre la marchandise de plus belle apparence. La question de nationalité passe ici, dans la pratique, au second rang, pour ne pas dire qu'elle disparaît complètement, et cela est vrai en tous pays.

La situation spéciale de Paris rend particulièrement facile l'exportation d'objets non français : les représentants de fabriques viennent, chaque jour, en longues files, porter aux négociants commissionnaires les derniers modèles et solliciter des commandes; ils leur apportent ainsi des informations encyclopédiques sur la production du monde entier.

De ces procédés naît un antagonisme forçant l'industriel français à se passer de l'intermédiaire, ce qui explique la nécessité d'établir à l'étranger des dépôts de fabriques ou des magasins, avec des prix-courant non grevés des frais de « la commission ».

L'évolution du commerce mondial, restreint chaque jour davantage l'influence naguère prépondérante et utile des commissionnaires sur les transactions internationales. Déjà, beaucoup, parmi eux, comprenant à la fois leur avantage et l'intérêt du commerce national, sont restés acheteurs en Europe, mais, en même temps, ils se sont établis vendeurs en Amérique. En ce faisant ils prélèvent, à leur profit, les majorations successives que subit la marchandise depuis la fabrique jusqu'au magasin du détaillant.

De ce rapide exposé, la conclusion se dégage d'elle-même : suppression des intermédiaires inutiles et bonne représentation commerciale à l'étranger, parce que les commissionnaires, si habiles qu'ils soient, ne peuvent remplacer ceux qui travaillent sur place.

Il est certain qu'elle serait le mieux assurée par la création du plus grand nombre possible de maisons françaises au dehors. On se plaint du manque d'hommes. En réalité, ce qui fait défaut, c'est l'esprit d'initiative. Il suffit, pour qu'une maison soit française. que son chef le soit ; le personnel désirable ne manque pas sur place.

Ici encore, c'est l'étranger qui nous montre l'exemple. Le représentant de commerce étranger, jouissant de bons appointements, d'une assurance sur la vie, d'un pourcentage raisonnable sur les affaires, arrive de suite à se fixer en Amérique du Sud où il monte des bureaux importants fort bien organisés, ce qui lui permet un triomphe facile contre le français, venu dans l'intention de développer le commerce de son pays, mais qui, ne disposant d'aucune ressource, se trouve dans la triste obligation de se retirer.

Le représentant français ne reçoit, en effet, la plupart du temps. qu'une commission dérisoire, aucun frais de bureau, et les conditions qui lui sont imposées sont telles que sans une chance providentielle, il lui est impossible de réussir.

Le voyageur français livré ainsi à ses seules ressources est souvent forcé de faire face à des imprévus, qui le mettent parfois dans de biens cruels embarras. Lorsque, par exemple, on lui laisse de la marchandise pour compte, ou bien encore s'il se trouve avoir des démêlés avec la douane, il perd alors non seulement son temps en multiples et vaines démarches, se voyant forcé, en fin de compte, de réexpédier la marchandise, à moins que les droits de douane, couvrant le prix ce celle-ci, il ne se trouve dans la pénible obligation d'abandonner purement et simplement la marchandise, occasionnant ainsi, bien involontairement des pertes aux maisons qu'il représente.

De même, lorsqu'il s'agit de simples échantillons, le représentant français, se trouve aux prises avec pareilles difficultés, ce qui est franchement ridicule, avouez-le. Il reçoit ceux-ci rarement à temps et souvent en quantités trop restreintes, encore heureux, s'il peut, par la suite, se débarrasser de la marchandise pour rattrapper ses débours, car naturellement il a fallu, au préalable, qu'il acquitte, de ses propres deniers, les frais de douane et de magasinage, si onéreux en ces pays.

Mais, nous n'en finirions pas, si nous devions énumérer toutes les difficultés, tous les inconvénients que la plus grande initiative, et que les plus experts à pratiquer le système D, ne parviennent pas à résoudre, lorsqu'ils sont abandonnés à eux-mêmes. C'est ainsi que la tendance du commerce français, au Brésil, est de diminuer relativement à celui-ci de la concurrence ; les marques qui s'y vendaient admirablement, il y a encore quelques années, se ressentent aujourd'hui du défaut d'une propagande bien organisée, ce qui laisse également leurs représentants dans une fâcheuse position, en facilitant l'introduction d'autres marques concurrentes, ainsi que la fabrication de produits similaires. Et cependant, la clientèle attend, elle ne demande qu'à favoriser les produits français ; nos maisons n'ont qu'à se faire connaître.

Le représentant de maisons étrangères s'établit comme chef de succursales de ces maisons, ses frais sont payés, il a x pour cent sur les affaires ; il n'a donc pas à se préoccuper de son existence matérielle, ni du paiement de ses frais de propagande ; il a, en plus, nous l'avons déjà dit, l'appui d'un crédit en banque contre justification de son emptoi ; s'il ne remplit pas ses devoirs il est remplacé, mais au moins ses débuts sont facilités et garantis, aussi s'implante-t-il définitivement dans le pays. Cette méthode qui a fait ses preuves, en donnant les plus heureux résultats à nos concurrents, doit être suivie par nos industriels.

Certes, il y a bien des cas où des maisons qui ne disposent pas de capitaux liquides suffisants ne peuvent pas faire les avances qu'entraîne la rémunération d'un voyageur ou d'un agent à demeure, ni s'exposer pour un résultat problématique, à spécialiser leur production. C'est précisément dans ce cas que doit entrer en jeu le système du cartel allemand, c'est-à-dire que doit intervenir le principe de l'association, seul moyen pour grouper les intérêts corporatifs et faire bénéficier les associés de la force de crédit et des ressources de l'entité qui les représente.

A ce point de vue, il convient de ne pas oublier que cette méthode d'association a déjà été appliquée sur une petite échelle, en France, et qu'elle a donné et ne peut que donner d'excellents résultats. Les différentes sociétés de constructions maritimes de France se sont syndiquées, et ont un représentant unique au Brésil. Il en est de même d'un certain nombre de maisons de spécialités pharmaceutiques, qui réalisent des bénéfices en progression constante grâce au travail sur place, effectué par un agent commun, à la rémunération duquel chacune des maisons syndiquées concourt dans une proportion déterminée.

Qui ne voit les avantages considérables qu'il y aurait d'étendre et de généraliser ce système ? Le crédit représenté par la totalité des maisons associées augmente en proportion de leur nombre et de leur jouissance; il permet aux firmes, petites ou moyennes, d'escompter facilement leur papier, ce qui leur serait individuellement fort difficile. L'agent que le syndicat entretient dans le pays a pour mission, non seulement d'exécuter et de prendre les ordres, mais de rechercher à leur source même les renseignements exacts sur la solvabilité et l'honorabilité commerciale des clients, de réduire, quelquefois même d'éviter les frais de justice en poursuivant à l'amiable les recouvrements difficiles, d'être, en un mot, le représentant exclusif des intérêts de l'association dont il est le mandant. Le jour où les commerçants français, voulant exporter au Brésil ou désirant y augmenter leur chiffre d'affaires, se seront convaincus de cette vérité, que par l'association seule ils décupleront leur force de pénétration et leurs chances de réussite, un résultat vraiment pratique aura été obtenu.

Si le commerce d'exportation au Brésil peut gagner par le système de l'association, l'industrie peut réussir aussi bien par le même procédé de groupement de capitaux. L'industrie nationale est tellement protégée au Brésil que les Allemands n'ont pas hésité à y fonder aussi souvent que possible, des établissements autonomes et à porter tous leurs efforts sur le développement de ces entreprises.

Au point de vue industriel, nous n'avons fait encore, au Brésil, rien ou presque rien. Il serait à souhaiter qu'avec toutes les sources de documentation précise et de renseignements auxquels l'industriel français pourrait puiser, nous assistions à un effort persistant en vue de bénéficier des avantages offerts par le Gouvernement Fédéral et par ceux des autres Etats ou industries qui viendraient à se créer dans le pays.

De toute manière, l'essentiel est qu'on ne perde pas de vue que pour la recherche et l'utilisation des débouchés qui s'offrent au Brésil aussi bien au commerce d'exportation qu'à l'industrie, ce ne sont ni de statisticiens, ni de discours dont nous avons besoin, mais d'hommes de sens pratiques et d'actes.

On ne saurait attendre qu'il soit trop tard pour que la France étudie les meilleurs moyens, et surtout les moyens pratiques, pour ne pas se trouver à nouveau absolument inférieure à ses divers concurrents au Brésil. Il est impossible, que faute d'une organisation commerciale française, faute d'action, de méthode, de personnel spécialisé et d'un peu d'initiative, nous assistions à nouveau à ce paradoxe, à cet illogisme par trop criant : la défense du café de Sao-Paulo confiée, à M. Thedor Wille, à ceux qui avaient intérêt à l'acheter à meilleur marché.

Eh oui, cher lecteur, la valorisation du café, il y a une dizaine d'années, s'est faite sous la direction des allemands, maîtres de ce marché, tandis que les français prêtaient leurs capitaux à cette opération tendant à fortifier la position de leurs ennemis, et à faire payer le café plus cher au consommateur français. C'est un comble, n'est-ce pas ?

Malheureusement, nous pourrions multiplier les exemples. Ainsi le commerce allemand à Bahia avait réussi à monopoliser toute l'exportation du tabac de cet Etat, par un système ingénieux d'avances aux planteurs. Grâce aux nombreux vapeurs reliant le port de Bahia à Brême et Hambourg, et surtout aux entrepôts libres que possèdent ces deux villes, les boches étaient parvenus à créer chez eux un marché plus important et mieux approvisionné que sur les lieux de production même. Et la régie française, partisante du moindre effort et ne disposant pas d'hommes compétents, trouvait tout naturel d'effectuer ses achats de tabacs brésiliens en Allemagne. Tout commentaire affaiblirait la portée de cette ineptie. Mais avouez que c'est triste, bien triste, d'être forcé d'enregistrer de telles constatations.

*
* *

L'avenir est aux grandes affaires, aux grandes entreprises, donc à la cohésion, à la discipline et aussi à la hardiesse. Il faut réagir contre notre excès d'individualisme, modifier l'esprit de nos commerçants, timides, indifférents, routiniers.

Plus de politique au compte-gouttes. Plus de timidité, de marchandage, de routine. Allons de l'avant. Voyons large. Voyant grand. Nous sommes les créanciers de l'humanité après les jours d'héroïsme de nos soldats. Pour elle, pour la civilisation, devenons enfin un peuple qui, tout en restant généreux adopte crânement l'esprit moderne, fait d'initiative, d'audace, d'énergie, de méthode. Et à nouveau, nous rayonnerons sur la planète.

Il se peut que le programme, dont nous venons d'exposer les grandes lignes, paraisse vaste. On doit affirmer cependant que si nous n'avions pas la force de le concevoir, — et surtout de l'exécuter — en ces différentes parties, toute l'œuvre de réorganisation de notre commerce extérieur en serait compromise. On doit souhaiter que, provoquées à cet effort par le Gouvernement qui à son rôle en cette affaire, on s'inspirant elles-mêmes de leur devoir, les banques françaises se réunissent pour élaborer et pratiquer une politique claire et vigoureuse, susceptible de ravir définitivement aux boches, l'avance formidable qu'ils avaient prise dans cet ordre d'idées. La Banque Française ne voudra pas laisser penser et dire qu'elle n'aura pas su faire pour son pays ce que la banque allemande a fait pour le sien. Nous sommes persuadé qu'elle ne manquera pas à l'appel et que dès à présent, elle prépare la lutte économique de demain, qui doit, elle aussi couronner la Victoire.

J'entends bien que le programme des banques françaises est déjà très chargé et qu'il leur faudra beaucoup de fermeté, de clairvoyance et de méthode pour liquider la situation créée par les décrets moratoires, pour faciliter la réparation des dommages de l'invasion, pour contribuer à la réadoptation de l'Alsace-Lorraine, pour aider à l'exécution des grands travaux publics indispensables ; pour la mise en valeur de la houille blanche, pour favoriser l'agriculture et sa transformation. On le voit, ce sont là des problèmes fort importants. Mais si nous n'avions pas le courage de voir au delà de ces obligations et d'étendre plus loin notre programme, c'est tout l'avenir de la France qui serait compromis. Quel moment pourrait être plus favorable aux transformations profondes qu'appellent les leçons du passé ! Sans retard, il nous faut travailler à compenser notre infériorité redoutable en ce qui concerne l'exportation. M. Ribot, n'a t-il pas déclaré solennement devant les Chambres qu'un pays s'appauvrit, s'il ne développe pas son outillage, son esprit d'entreprise, ses exportations. Pour appliquer les conséquences de ce principe, il faut que l'industrie française reçoive, de la France même, les moyens dont elle aura besoin désormais plus que jamais. La réorganisation du crédit sera peut-être indispensable, pour réaliser ce progrès, mais cette réforme se fera insensiblement et passera certainement inaperçue pour le gros du public.

Il serait naturel et équitable que le Gouvernement prenne la tête de ce mouvement, par l'entremise de l'Office National, et qu'il accorde non seulement son appui moral, mais encore pécuniaire à cette œuvre indispensable. Naturellement, ce n'est plus un politicien quelconque qu'il faudra mettre à la tête de cette nouvelle organisation, mais des hommes capables de remplir les fonctions exigées et qui déjà connaissent la langue et les mœurs de ces pays d'outre mer, et surtout ne pas émietter les subventions accordées en s'inspirant de considérations électorales.

Et voilà exposé toute la solution du problème. A l'œuvre donc, industriels, fabricants, exportateurs, commerçants, financiers, préparez-vous à la lutte économique, il faut, sur ce terrain, comme sur l'autre, que la France remporte un éclatant triomphe et qu'elle reconquière sa place quasi perdue. Point n'est besoin, pour obtenir ces intéressants débouchés et occuper sur ces marchés sud-américain, une place propondérante, de conférences, ni de congrès, ni de banquets, ni d'emprunts, mais simplement de sens commun, d'énergie, de diligence et d'initiative. Qu'on agisse, le résultat ne se fera pas attendre.

Geo R. H.

TABLE DES MATIÈRES

Imprimerie PIEGOY, 101, Rue des Boulets, Paris

PUBLICATIONS ÉDITÉES PAR LA

Chronique Latine

La Vérité sur le Brésil........................ 3 50

Sociétés Françaises et Étrangères au Brésil.... 1 50

Au Pays de l'Avenir........................... 6

Industrie extractive du Caoutchouc et la Culture de l'arbre gommifère.................. 2

Brazil-Railway et Filiales...................... 2

La Crise Brésilienne.......................... 3 50

Revue économique et financière de l'Argentine et de ses Provinces...................... 3 50

www.ingramcontent.com/pod-product-compliance
Ingram Content Group UK Ltd.
Pitfield, Milton Keynes, MK11 3LW, UK
UKHW021057260726
13994UKWH00002B/560